教育经典
适用
6~7岁

王莉／著

麻烦的
6岁孩子

叛逆、热情的 6 岁的孩子，
认为自己是整个世界的中心

朝華出版社
BLOSSOM PRESS

图书在版编目（CIP）数据

麻烦的6岁孩子 / 王莉著. -- 北京：朝华出版社，
2019.4
ISBN 978-7-5054-4456-0

Ⅰ.①麻… Ⅱ.①王… Ⅲ.①儿童教育—家庭教育
Ⅳ.①G781

中国版本图书馆CIP数据核字（2018）第303263号

麻烦的6岁孩子

作　　者	王　莉

选题策划	王　剑
责任编辑	赵　倩
特约编辑	孙　开
责任印制	张文东　陆竞赢
封面设计	异一设计

出版发行	朝华出版社		
社　　址	北京市西城区百万庄大街24号	邮政编码	100037
订购电话	（010）68996618　68996050		
传　　真	（010）88415258（发行部）		
联系版权	j-yn@163.com		
网　　址	http://zhcb.cipg.org.cn		
印　　刷	三河市三佳印刷装订有限公司		
经　　销	全国新华书店		
开　　本	710mm×1000mm　1/16	字　　数	180千字
印　　张	14		
版　　次	2019年4月第1版　2019年4月第1次印刷		
装　　别	平		
书　　号	ISBN 978-7-5054-4456-0		
定　　价	32.00元		

前　言

　　6岁，是孩子学龄前的最后一年。父母们会发现，当孩子四五岁时，可以看出他们在各方面都有显著的进步；但是当他们五六岁时，很多大人就会怀疑他们好像停止了成长。

　　孩子的成长过程宛如一座起伏不平的小山，有小坡，也有大坡，而6岁的孩子就处在大坡的年龄，这对他们而言是个混乱期。这是因为"小学"的新生活会发生很大的变化，孩子与父母为了适应这个新阶段都会经历各种困难。而一旦超越这个混乱期就会步入另一个转折点，再到孩子7岁时，应该就会变成一个较规矩的小学生了。

　　6岁孩子的成长，却也不是岁月静好、一帆风顺的。6岁孩子的心情常被称为"晴时多云偶阵雨"，父母会发现，从某天开始，孩子从行为到心理都会朝着原来的样子逆向而去。比如，原来的"小甜甜"莫名变身"爱哭鬼"，将和父母对着干当成了"人生乐趣"；前一刻还高高兴兴的，这会儿又马上因为一点儿芝麻小事而发脾气，尤其是被责备时情绪更为激动……

　　这样的6岁是不是很让人烦恼呢？是的，有时候确实如此，但这也恰恰是6岁小朋友最可爱，也是最能激发他们能量的地方。

　　6岁小朋友的眼泪，并不像2～3岁孩子那样是脆弱的代表，他们的哭泣，可能出于自尊、自爱和非常宝贵的好胜心，是他们自强、向上、充满正能量的体现。和爸爸妈妈对着干却也是他们活泼顽皮及独立精神的彰显；至于故意捣乱、搞破坏之类的行为，更是他们原始好奇精神的进一步延伸，是他们与这个世界沟通、了解并进一步相融的必然过程。可见，对孩子和家庭来讲，6岁，绝对是一个独特的阶段。不仅是独特，如果把6岁放在孩子成长的漫长时间轴上来看，6岁这个时间点，也是非常关键的。在这短短一年时间里，孩子除了要经历智力、情感、心理、能力等多个方面的变化和提升，更要好好抓住幼小衔接期，完成学习、生活、社交等多个方面的转变，并进一步夯实语文、数学、英语等学科基础，为以后的文化课学习做好准备。

6岁，就这样静悄悄地来了。

我们的孩子在成长、在变化，父母朋友们，你们准备好了吗？

目 录

第一章　6 岁——聪明、热情，却略带叛逆的年龄

6 岁孩子，总是对新物体、新玩具，以及新想法、新际遇充满了激情和兴趣。家庭中有一个 6 岁的孩子，氛围一定不会沉闷，父母为了满足他们对新奇和快意的向往，也会有更多的支持与激励。

但是，6 岁的孩子从某天开始，会突然从行为到心理都朝着原来的模式逆向而去——原来的"小天使"变身"爱哭鬼"，时而体贴入微，时而头疼难缠！

这就是 6 岁孩子，聪明、热情，却又有些叛逆。

第二章　6 岁孩子的心智发育：全面了解你的孩子

正所谓"知己知彼，方能百战不殆"。在与 6 岁孩子相伴成长的过程中，他的语言能力、思维发展、认知进程、情感变化……都是需要父母充分了解的。那么，父母该如何抓住这个成长的关键期，引导 6 岁孩子的心智全面发展呢？

第三章　与6岁孩子的相处之道：用得体的方式，给孩子更好的爱

我们给父母的爱贴上了太多的标签，柔软、无私、一切为了孩子……但实际上，这只是来自大人世界的观点，父母的爱不该笼统和一厢情愿，而是应该关照孩子的心灵，以充分尊重和了解孩子为出发点。

第四章　如何帮助 6 岁孩子养成独立的个性和气质

很多 6 岁的孩子一遇到困难，就会喊："老师我不会！""妈妈帮帮我！"依赖心理强，孩子怎能发挥个性和创造性呢？因此，父母要放手训练孩子在生活中的独立能力，让他们有经历和感受的机会……这样，6 岁孩子在实践中，通过自己成功、失败的经验和教训以及大人的支持、鼓励，就会逐渐形成良好的个性和心态。

第五章　6 岁孩子的心理、行为问题

> 6 岁的孩子在成长过程中会呈现出共同的规律和特点，他们会在同一件事上出现同样让父母棘手的问题，比如不听话、问题多、做事拖拉磨蹭，这些经常在 6 岁孩子身上出现的问题，与孩子的心理发展有着非常密切的关系。

第六章　抓住 6 岁阶段的敏感期，提升孩子的智能

　　敏感期是儿童特定能力和行为发展的最佳时期。也就是说，在一段时间里，孩子会对周围环境中存在的事物有着特殊的兴趣和心理需求，6 岁的孩子也是如此。

　　在此，我们向父母全面介绍了孩子在 6 岁时的各种敏感期，并提供了应对孩子敏感期的科学方法，父母可以借此在日常生活中对孩子进行正确教养。

第七章　6岁孩子面临一年级，父母的正确引导很关键

> 从天真烂漫、无拘无束的玩耍期，进入到严谨规范的求知期，幼升小，无疑是孩子求学道路上的第一次转型。他们要应对的挑战很多，包括心理、生活和学习的方方面面。父母的作用，便显得尤为重要。

第八章 学习兴趣、数的概念、书写、阅读

对于 6 岁的孩子,他们的学习主要集中在哪些方面?父母又该如何帮助孩子提高语文、数学、阅读、书写的兴趣呢?这是一个十分关键又迫切需要了解的问题。

第九章　6岁孩子的日常生活

睡觉不安稳、做噩梦、挑食、吃饭慢、不爱刷牙、不爱洗澡、起床拖延……这些关乎6岁孩子日常玩耍和作息方面的问题，父母应该根据孩子这一年龄段的行为特点，给他们提供一个既能激发潜质又轻松愉悦的环境，让孩子在放松的状态下健康成长。

第十章　关于 6 岁孩子的 15 个问题

在孩子的整个成长过程中，父母往往是像升级打怪一样，需要不断提升技能，以应对各种突如其来的挑战。这一章，我们就 6 岁孩子成长过程中经常出现的 15 个问题进行汇总，希望父母读过后，学到新招数，关键时刻，精准应对。

第一章

6岁——聪明、热情，
却略带叛逆的年龄

　　6岁孩子，总是对新物体、新玩具，以及新想法、新际遇充满了激情和兴趣。家庭中有一个6岁的孩子，氛围一定不会沉闷，父母为了满足他们对新奇和快意的向往，也会有更多的支持与激励。

　　但是，6岁的孩子从某天开始，会突然从行为到心理都朝着原来的模式逆向而去——原来的"小天使"变身"爱哭鬼"，时而体贴入微，时而头疼难缠！

　　这就是6岁孩子，聪明、热情，却又有些叛逆。

1. 6岁孩子通常是快乐、积极的：他们是爸爸妈妈的小太阳

非常讨人喜爱的6岁孩子：调皮可爱、充满正能量

"静若处子，动若脱兔""表情帝和永动机""时而体贴入微，时而头疼难缠"……

对于这些评价，家里有6岁孩子的爸爸妈妈们肯定感同身受。6岁，是孩子进入小学的第一年。从6岁之前的精力旺盛、强横刁蛮，到7岁以后的逐渐安静、成熟，其间总会有一个阶段是孩子最为美好的。在这个阶段，孩子能肆意绽放，家长也能够享受到最为惬意和温情的亲子时光。这，就是6岁。

6岁孩子，从某天开始，会突然从行为到心理都朝着原来的模式逆向而去。一个明显的转变，就是从原来的"傻白甜"变身"爱哭鬼"。比如说，4～5岁的时候，他们每天都还是高高兴兴地去幼儿园，可是进入6岁之后，他们会为穿什么衣服去上学而哭，会为吃饭太慢怕耽误上学而哭，会为不想上学而哭，甚至还会为自己写不出作业而哭……

除此之外，6岁孩子还会把和父母对着干这件事当成"人生乐趣"。比如，爸爸说该睡觉了，给他盖好被子关了灯，可是没两分钟，他就跳起来，跑出屋去。有时一个晚上能折腾四五次甚至更多，即便最终还是会被爸爸硬按到被子里，他也还是聒噪不停，始终不肯闭上眼睛。再比如，6岁之

前孩子能老老实实地吃饭，进入6岁后，每次吃饭要么磨磨蹭蹭，要么胡闹捣乱，非把一桌子人搅和得谁都没办法用餐才算完。甚至有的孩子还会出现一些类似于"返祖"的现象，比如说，6岁的孩子会变得和两三岁左右的孩子一样不让大人省心。如果把他一个人留在家里，他会像小时候那样，把爸爸的文件、妈妈的衣服鞋子和化妆品等弄得乱七八糟……

这样的6岁孩子是不是很让人烦恼呢？NO！NO！NO！这恰恰是6岁小朋友最可爱，也是最能激发他们正能量的地方。

在绝大多数家庭中，6岁孩子甚至还是全家人的"开心果"。

6岁孩子最可爱的特征就是对一切事物都有着极强的求知欲。他们总是对身边新奇的事物或是想法，充满了强烈的好奇心和探索精神。每天放学回家后，他会絮絮叨叨、不厌其烦地将今天在学校的所见所闻全部讲给爸爸妈妈听，也喜欢缠着大人问东问西，并适时地炫耀他在学校学到的各种新技能。他喜欢让爸爸妈妈给他讲故事，喜欢和爸爸妈妈一起学习新知识、探索新领域。

除了对事物的热忱，6岁孩子丰富且外露的情感，也是值得我们关注的地方。当他不再故意捣蛋犯浑，而是和爸爸妈妈融洽相处的时候，没有谁能够比6岁孩子更加忘我、更加热烈地向爸爸妈妈表达他内心最真诚的想法了。"妈妈，你真是太美了！""爸爸，你是最棒的爸爸了，比别的小朋友的爸爸都棒。"这些温暖人心的甜言蜜语，是他们发自肺腑的表达。在他们的心目中，爸爸妈妈高大、坚强、无所不能，此时的他们只是一个对爸爸妈妈无限崇拜、无限敬爱的小不点儿。

6岁孩子的热情有相当强烈的感染力，在他们的笑容面前，整个天地都能为之灿烂。原本在大人眼里很是无聊的事情，经过他们的形容会变得特别有趣。"你不知道那个机器人有多大，特别大，那是最大的！""我昨天玩儿得高兴极了，太美了，以后我们每个星期都去！"当他眉飞色舞地向爸爸妈妈讲述的时候，他们不仅会欢畅大笑，甚至会手舞足蹈，高兴得不知如何是好。哪怕到了睡觉的时候，他们还是表现得那么专注，任何人看到他们沉浸其中的样子都不免为之感染和动容。

乐于助人、善于动脑筋并喜欢谈论自己的想法

"妈妈，我能帮你洗碗吗？"

"爸爸，快给我，快给我，我帮你提！"

"奶奶，你把苹果给我，我自己洗。"

6岁的桐桐，现在是家里和学校的"大拿"，不管别人在干什么，他都摆出一副"放着我来"的架势，非常热心地要求帮忙。

这天，爸爸要去出差，桐桐和妈妈一起准备送爸爸去机场。临出门时，爸爸要把行李箱搬上车后座，桐桐见状，特别热情地说："爸爸，我来帮你搬。""太重了，你搬不动，爸爸自己搬吧。"眼看时间已不太宽裕，爸爸便拒绝了桐桐的要求。可是，在去机场的路上，爸爸妈妈却发现桐桐不太愿意说话，有些悻悻的。妈妈便问桐桐："宝贝，你怎么不说话呢，不高兴吗？"桐桐说："妈妈，我想像爸爸那样把箱子放到后座上，可以吗？"

听完后，妈妈紧紧地抱了抱桐桐，对他说："没问题，一会儿卸箱子的时候你来搬，不过，有困难就要找我帮忙哦！"桐桐开心地点了点头。

桐桐的个子并不是太高，要想把箱子从后座挪下来得费很大的力气。但是他一直在找方法，第一次没成功，又尝试进行第二次，最后，他终于通过自己的努力将箱子从后座挪了下来。"爸爸，看，我搬下来了！"爸爸蹲下身子，摸了摸他的小脑袋，然后伸出大拇指给他点了一个赞，桐桐高兴极了。

6岁孩子非常急切地想要自己做事情——比如，自己穿衣、自己吃饭、自己扫地洗碗、自己做决定……他们不仅在行为上模仿大人，更努力地想要将自己塑造成大人的模样。这既是6岁孩童的天性，也是成长赋予他们在这个阶段的独有使命。

所以，作为家长，我们要正确理解这个阶段孩子的心理发展，努力做

到像案例中的那对父母一样，充分理解孩子的需要，尽可能地帮他们延长这个喜欢助人、喜欢表达自己、渴求自己的事情自己做、遇到困难时自己努力克服的阶段，帮助他们发展掌握知识、把控自我和周遭的能力。

父母首先要懂得尊重孩子

孩子："妈妈，我来拿。"

妈妈："你拿不动！"

孩子："我今天在学校擦窗户了。"

妈妈："你还会擦窗户？你能擦干净？"

6岁孩子已经开始有自己的想法了，甚至，他们已经觉得自己是和爸爸妈妈一样的"大人"了。这个时候，当孩子在表达自己的想法时，父母不可像上面所描述的那样将他们以"小儿"待之，而是要多尊重孩子的想法，多问问他为什么会这么想、这么做。或许，他还能头头是道地给你讲出一番道理呢。所以，充分地尊重孩子，以平和的心态与孩子进行交流是非常重要的，父母要在家庭中营造平等和谐的氛围，多倾听孩子内心的想法，而不是一味地把大人的想法和观点强加在孩子身上。

当然，6岁孩子知道的毕竟还少，这个时候，就需要家长发挥好引导作用，用恰当的方式方法给孩子支持和鼓励，帮助孩子及时地改正错误想法，从而让他们更加深入地理解生活中的道理。

父母要善于保护和培养孩子的积极性和自信心

美国大富豪范德比尔特曾说过："一个充满自信的人，事业总是一帆风顺的；而没有信心的人，可能永远不会踏进事业的门槛。"

由此可见，积极性和自信心，在一个人的成长和发展过程中是非常重要的。在总是能得到积极夸奖和正面回馈的环境中成长起来的孩子，做事的积极性以及自信心，是那些生活在高期望、低肯定的环境中的孩子无法比拟的。比如，有的6岁孩子在处理个人事务或与人相处时总是比同龄人更加游刃有余，实际上，他在能力方面并不比他人强出多少，只是因为这些孩子经常被肯定、被鼓励，他们才在生活中有更多的勇气和自信去展示自己。自信和主动性的力量是无穷的，会引导孩子成为更好的自己。

培养孩子的独立意识和集体意识

对于 6 岁孩子，培养他们的独立意识和集体意识相当重要。要让孩子知道，在家庭中，他是重要的一员，去学校后，他又是这个大集体的一分子。如果孩子从 4 岁开始，就在家里帮助爸爸妈妈操持诸如清理房间、擦洗地板的家务，在学校参与值日，那么，孩子 6 岁时，就必定能够胜任更加复杂的任务。但是，千万不要让孩子在操持家务或学校事务的过程中产生"做苦役"的印象，这就需要父母和老师的智慧了。比如，在记录帮父母干家务或者在校值日的表格上，用鲜花、蝴蝶结贴纸作为奖励，以增强孩子参与的积极性。

引导孩子与朋友建立相互尊重的平等关系

6 岁孩子会更加乐于助人，对朋友也越发渴求和重视。这个时候，父母就必须在生活中时刻教导孩子如何尊重和信赖朋友。既不能因为自己的力气大就对别人施加暴力，也不能因为对方老实或者某个方面的能力差就鄙视甚至欺负别人。父母应该教会孩子使用平和、友好的方式与他人交流，并帮助孩子与朋友建立相互尊重的平等关系。

"我们的家"——孩子有了初步的家庭观念

6 岁的女孩扬子最近的表现让爸爸妈妈刮目相看。

扬子的爷爷很早就去世了，扬子的奶奶一直和他们一家人住在一起。平日里，扬子的爸爸妈妈都对奶奶非常尊重，家里的大小事情，都要征求奶奶的意见；吃饭时，只要奶奶还没上桌，大家就绝不开饭。特别是扬子的妈妈，对奶奶总是特别体贴照料，妈妈也经常对扬子说："爸爸、妈妈、奶奶、扬子，我们是一家人。只有每个人都在，我们这个家庭才完整，才算得上是家。"

最近，扬子的奶奶做手术了。于是，每天放学后，扬子都坚决要求去医院陪奶奶一会儿，关切地问奶奶伤口还疼不疼、身上哪儿不舒服，还时不时地提醒爸爸妈妈：要给奶奶买好吃的补身体啦；要把奶奶的老花镜拿到医院去，不然奶奶就看不成报纸啦；该给奶奶带换洗的衣服啦；等等。虽然扬子也帮不上多大忙，但看着她每天嘘寒问暖、跑前跑后的样子，扬子的父母都倍感欣慰。

众所周知，孩子在建立自己的家庭之前，父母和他们的家，即原生家庭，便是他们成长的主要场所。孩子能否从原生家庭中获得足够的关爱，不仅决定了他们能否对家庭的概念形成正确和健康的认识，更决定了他们日后对这个世界的态度和看法。这并不是夸大其词，试想，如果孩子在家庭中的需求总是能得到积极回应与满足，那他们就会将整个世界认定为可信赖的；如果孩子在家庭中能够被重视和关爱，那么，他们的自我价值感就会十分强烈；如果孩子的父母关系融洽，彼此间体贴关爱，那孩子就会宽容平和，反之，则容易变得焦躁多虑……可见，原生家庭在一个人身心的成长过程中占据着非常重要的地位，孩子对于家庭归属感和责任感的养成，既是孩子顺利成长的需要，也是他们心理健康的关键点。

通常情况下，6 岁左右的孩子，已经拥有了基础的家庭观念，一个显著特征就是，他们总是有意无意地把"家庭"放在突出位置上。比如：有非常强烈的归属意识，会自觉不自觉地把很多东西界定为"这是我们家的，你不能动"；当爸爸妈妈中的任意一方偶尔晚归时，会拒绝睡觉，非要等家里"人全了"才入睡；会说等他长大后，会像爸爸妈妈现在照顾自己一样照顾年老的父母；在家人因为某些分歧发生争吵时，他会特别不安和无助……

孩子的心灵就是一块还未着色的无瑕画板，先入为主的观念，便是最早涂抹在上面的色彩。所以，在 6 岁孩子开始表现出家庭观念时，父母要及时发觉，并适时进行强化。如果孩子的家庭观念在 6 岁时尚未建立，则更需要采取相应策略进行建立和强化了。

强化策略一：教孩子懂得爱

现在的孩子大多都是独生子女，"1+2+4"的家庭结构让他们从小都是被长辈捧在手心的"小公主""小王子"，备受宠爱甚至溺爱，以致不少孩子养成了自私自利、对他人漠不关心的性格。针对这种情况，作为父母，一定要在家庭中营造彼此关爱、乐于分享的氛围。

榜样的力量是无穷的，如果父母在孩子小的时候就时时刻刻树立好榜样，吃饭时主动给长辈夹菜；喜怒都讲出来，与家人进行分享或分担；当家中有人来访时，鼓励孩子将美食、玩具拿出来一起进行分享……这样，家庭环境才能被爱和亲情填满，孩子的家庭意识才能不断被强化。

强化策略二：加强家庭成员间的沟通和交流

父母及家庭成员之间要加强交流与沟通，彼此间的言语要有情有爱。夫妻之间相互关爱、体贴、尊重，共同孝敬长辈；在给孩子做决定的时候，要和孩子进行沟通；在给孩子购置美食、衣物的时候，和他商量："咱们给爸爸（妈妈）也买一份，给他（她）个惊喜，好吗？"所有的这些情感沟通和彼此体贴，都是孩子家庭观念生根发芽的催化剂。

强化策略三：培养孩子和家人"有福同享，有难同当"的意识

培养和家人"有福同享，有难同当"的意识，这并不是说全家必须一起经历什么磨难。其实，只要抓住微小细节，这种意识便能很快地培养起来。比如，在孩子吃东西的时候，父母要多向他讨要，即便食物很稀罕、孩子自己都摆出一副舍不得吃的模样，父母也千万不要心软，一定要讨一些过来。这样，就能避免孩子出现自己被"独宠"的想法，觉得自己的独享是理所应当的，全家人都应该让着自己。再比如，带孩子出去买东西的时候，可以把一些较轻的物品给孩子拿；做家务的时候，也可以鼓励孩子做一些力所能及的事情。当然，在孩子完成这些"任务"之后，夸奖他时也不要用"你很棒"之类的话语，而是要直接夸奖"能帮妈妈做事情了"，这样，孩子才会正确认识自己作为家庭中的一员是有很多应尽的义务的。

强化策略四：多让孩子参与家庭事务

尽量全家人一起用餐，即便家庭成员偶尔回家较晚，也不要因为怕孩子饿了，就让他先吃，而是要让他学会等待，让孩子在全家团圆的情境下切实体会家庭的温暖氛围。另外，还要保证孩子对于家庭事务的知情权，在孩子认知和年龄许可的范围内，甚至可以鼓励他们直接参与家庭的决策。比如，可以允许他们自己决定今天穿什么颜色、什么款式的衣服，家里的墙上要挂什么样的装饰画；再大一点，可以就诸如墙壁漆成什么颜色、爸爸要不要换一份工作等问题上征询他的意见。这样，孩子不仅可以进一步确认自己对于家庭的价值，还能够在对家庭事务的广泛参与中，体会与其他家庭成员的一体感。

6岁左右，第二逆反期的出现

孩子逆反，对于很多家长来说，都是一道艰涩而又难解的习题。尤其对于秉持"家长权威"的中国父母来说，在家长要树立威信和孩子要追求自由之间，父母往往处于两难之地，亲子间的冲突也就更加激烈，更加难以调和。

其实，孩子逆反，并不只是我们一般意义上所认为的"不懂事"和"任性"，实际上，这也是孩子随着自我意识的快速发展，对独立、自由、自我追求的正常表现。如果父母能够读懂隐藏在孩子逆反行为背后的心理需求，学会尊重和理解孩子，那么，亲子战争就不再是身处逆反期的孩子和父母的必然走向了。

通常情况下，孩子从出生到成年，一般会在三个特殊时期内表现出逆反行为：即2岁半～3岁的第一逆反期，6～8岁的第二逆反期，以及12～15岁的第三逆反期。

第一逆反期，又称自我意识的萌发期。这个时期的孩子，越来越聪明了，却也总是将"不"字挂在嘴边。这表明，孩子开始从意识上与父母进行分离，在这个过程中，孩子就是在那些看似任性和不懂事的行为中，逐渐形成自己的想法和态度，感受与他人分离的独立的快乐，并由此建立和衍生出个人的优秀品质。

第二逆反期，又称为准大人期。这个阶段的孩子，不同于婴孩儿，也与2～3岁的自我意识萌发期的孩子有很大不同。他们从心底把自己看作成人，而不想再当小孩子了。比如，他们外出的时候不再愿意让父母牵着，而只想自己走、自己逛；拒绝被大人叫小名或者叫作"宝贝"，而是要求大人唤自己全名；凡事都要和大人对着干，任性不讲理，大人说向东，他偏要向西，但有时候，他又对大人异常依赖，爱哭、动不动就撒娇……

此时的逆反和脾性的突然转变，对6岁孩子而言实属正常，因为已经掌握了一些知识的他们，非常迫切地想要证明自己已经长大。因此，他们在心理上开始要求独立，在行为上想要脱离父母的掌控，说话做事的时候，就难免表现得独立、有个性，有时甚至会表现出让大人忍俊不禁的"老气横秋"。

第三逆反期，被称为青春期，这也是父母们最为头疼的一个时期。身处青春期的孩子，在身体逐渐发育成熟，心理发育却尚有欠缺的夹缝中艰难成长，在身体与心理矛盾的纠结中，孩子常常产生挫败感，也开始有了更多样的情绪体验，比如女孩的愧疚、自我怀疑和抑郁，男孩则经常经历暴躁和愤怒，也就是人们普遍认为的，青春期的孩子经常处于"烦着"的状态。由于这部分不是本书重点，也就不多加以赘述了。

总之，无论孩子处于哪个逆反期，都意味着父母必须要转变与孩子的互动模式与养育方式，以便最大程度地缓解亲子间的对峙状态，将成长的自主权交还给孩子，并逐步引导他们朝着最好的自己迈进。

2. 孩子真正需要的是聚精会神的倾听

有一天，6岁的天天放学回家后，跟妈妈说的第一句话就是："妈妈，我今天在学校跟别人打架了！"

6岁的天天现在正处于叛逆期，任性捣蛋简直就是生活的常态，想到天天成天学校、家里闯祸不断，妈妈顿时火气上涌，指着儿子恶狠狠地说："我跟你说过多少遍了！不准跟别人打架！你是听不懂还是记不住？"

天天被妈妈突如其来的暴怒吓到了，"哇哇"地哭了起来。

后来，妈妈和老师沟通过才知道，那天的打架事件，并不是因为儿子调皮捣蛋才发生的，而是另一个孩子无故动手才引起的。

6岁孩子会恐惧、会哭泣、会愤怒也会发脾气……这些在父母看来是"非正常"表现，经常难以应对，但这些在孩子的成长过程中却是必然会经历的。如果父母处理得好，那么，对于孩子健全人格的形成将会有非常大的帮助。

事出必有因，父母如果想要科学应对6岁孩童的极端情绪，首先，就必须准确把握隐藏在他们"非正常"行为背后的真实原因，这样，父母才能创设宽容和理解的环境，供孩子宣泄情绪，进而科学合理地引导孩子的情绪。倾听，无疑是此时父母能够给予孩子的最好关注与支持。在孩子内心烦躁不安的时刻，如果父母能够给予孩子聚精会神且不带价值判断的倾听，那么，彼此间的沟通意愿和信任便能够很轻易地建立起来。

如何实现不带价值判断的倾听呢？

首先，如果孩子告诉你："我今天在学校和同学打架了"，带有价值判断的反应就是："你怎么动不动就跟人打架！""你这个孩子小小年纪怎么就这么暴力！"诸如此类的说法，带给孩子浓重的责备意味，会让孩子觉得自己的袒露心扉换来的是批评，那么，就自然不愿意与父母再进一步沟通了。而不带价值判断的倾听则会给孩子营造安全的谈话氛围，让孩子特别愿意敞开心扉。比如，"哦，跟人打架了吗？你自己有没有受伤呢？"然后再问他："为什么会和小朋友打架呢？能告诉我原因吗？"如果父母这样说，孩子就会知道，对于自己的困扰，父母始终是怀着理解和支持的态度的，这样，孩子自然就很愿意把前因后果及自己内心的想法讲给你听了，再遇到类似情况，便会迫不及待地想要把心事和父母分享。

另外，父母给予孩子的倾听，还必须是聚精会神的。以下一些小技巧，可以增强倾听的专注性。

和孩子沟通的时候与孩子保持对视，必须有目光接触，不能东张西望。

最好把沟通的时机设置在和孩子独处时，比起有他人在旁边，独处的安静和安全氛围更容易让孩子敞开心扉。

交流时蹲下身子，和孩子处于同一水平面，避免居高临下的感觉。

保持面部表情的自然放松，微笑更好，表情随孩子的谈话内容有相应变化，适时地点头表示肯定。

不论对孩子的观念有多不认同，也不要中途打断孩子的话，以免让孩子觉得你不尊重他，从而影响信任。

适时提出问题，这样做能让孩子感觉到你的倾听是非常专注的。家长也可以通过这种方式将谈话引向自己想要了解的方向去。

安抚：想让孩子不发脾气，父母要先控制好情绪

很多父母在孩子犯浑的时候，第一反应就是头脑发热、血气上涌，而

且，还总是把自己的暴躁认定为理所当然。

　　6 岁的浩浩称不上乖孩子，他总是有各种"方法"，能够快速地挑起父母的怒火。这不，这天在饭桌上，他又毫不费力地把爸爸"点燃"了。

　　"不想吃你就别吃，别老在菜盘里翻来翻去，我告诉过你多少次了，这样很没有礼貌！"

　　爸爸的训斥让浩浩有些害怕，但更多的是不服和愤怒，于是，小手一掀，把饭碗扣到桌子上："不吃就不吃！"

　　这下，爸爸彻底愤怒了，啪嚓一声，就把手里的筷子摔在了桌子上，然后扬起巴掌就朝儿子扇了过去："小坏蛋，我看你是三天不打上房揭瓦！"浩浩又像往常那样大声号哭起来。妈妈呢，则一边拦着怒火中烧的爸爸，一边赶紧把儿子带到另一个房间去。

　　无论是大人还是孩子，当情绪压力积攒到无法承受时，势必会像喷涌的火山一样爆发出来。但是，如果父母想让孩子不发脾气，首先就要保证，自己没有让坏情绪缚住手脚，否则，不仅不利于亲子关系的良性发展，甚至还会影响孩子的身心健康。这并不是危言耸听，数据显示，很多中国孩子身上都存在 EQ（情商）弱项，突出表现为认知水平低、情绪不稳定、行为习惯差等等。之所以会出现这种现象，很大程度上都是由于父母的教育方式即情绪感染所造成的，如果父母经常情绪波动大、暴躁，孩子就很容易患上压力障碍症，大脑机能也会随之出现问题。

　　那么，在孩子情绪波动、需要安抚的时候，父母该如何控制好自己的情绪呢？

　　父母保持情绪平稳的第一要诀，就是发觉自己的错误观念，并及时用正确的观念去取代。比如，不要把自家孩子的"不听话"简单认定为"忤逆""不孝"，甚至看作是孺子不可教也，父母要明白 6 岁孩子的逆反，恰恰是他们自我意识的表达；孩子不好好吃饭、不好好学习，并不是常态，这只是他们成长过程中，从不成熟走向成熟的必经阶段；孩子犯错、甚至在同一个问题上一错再错，这只是他们成长过程中的必然现象，每个人小的时候都是这样……当父母对很多看似无法排解的事情换个角度思考时，就很容易摆脱不良情绪。只有给予孩子理解和宽容，才能以平和的心态对待孩子的不良情绪，进而进行正向引导。

父母保持情绪平稳的第二个要诀，就是善于及时、快速地转移注意力。当你因为孩子不听话心怀沮丧、面对暴跳如雷的小怪兽内心火气升腾时，不妨在心里给自己按个暂停，暂时离开"战场"，去喝杯水、上个厕所，这样，你的情绪就能够快速平静下来。如果你因为某些因素无法暂时离开，那么，不妨深吸几口气，或者强迫自己回忆一些生活中的愉快片断，哪怕想些明天吃什么、穿什么这样的小事，也能够很容易地转移刚才的愤怒，从而避免因为愤怒发生亲子大战。

父母保持情绪平稳的第三个要诀，是调整自己的说话声调，并倾听它。一个人说话的声调、语调，也能传递很多信息。轻松活泼、严肃认真，还是愤怒暴躁，这些都是孩子能够清晰感觉到的。所以，在孩子情绪波动时，试着调整你说话的声调和语气，自然会被孩子感受到。而且，如果你经常注意聆听自己的平稳语调，那么，你的情绪也会很容易进入稳定和愉快的状态中。

共情、同理心："你现在很伤心，是吗？"

同理心（Empathy），又称同感、共情，是由人本主义大师卡尔·罗杰斯提出的一个心理学概念。它指的就是一个人在人际交往过程中，能够体会他人的情绪和想法，理解他人的立场和感受，并站在他人的角度思考和处理问题的能力。简而言之，同理心就是一个人换位思考的能力。

一个人能否在人际交往中将心比心、站在对方的角度思考问题，直接关系到这个人能否在人际交往中顺畅沟通、减少不必要的误会和冲突，构建良好人际关系。亲子间也是如此。

案例1

孩子：妈妈，我今天不想去上学。

妈妈：怎么隔几天就不想上学了？你就是懒！

孩子：不是懒，妈妈，老师不喜欢我，我就不想去学校了。

妈妈：老师为什么会不喜欢你呢？还不是你表现不好！每天哪儿那么多毛病，赶紧给我收拾东西上学去！

案例2

孩子：妈妈，我不想去上学？

妈妈：怎么就不想上学了呢？是你在学校发生了什么不愉快的事情了吗？

孩子：老师不喜欢我，我不想去学校。

妈妈：你为什么觉得老师不喜欢你？你讲来给妈妈听听，妈妈给你出出主意。

孩子：昨天，我和同学吵架了，老师就骂我了。

妈妈：哦，那是不是你没有给老师讲清楚前因后果，引起老师的误会了，以为过错在你呢？

孩子：我不知道。

妈妈：妈妈知道这件事情很让你伤心，但是，这件事情单靠不去上学是无法解决的，走吧，今天妈妈送你到学校，顺便找老师了解下情况，事情就能好好解决了。

孩子：好。

比较上述两个案例，是不是不同的处理方式，最终所取得的结果也截然不同呢？想必，父母都希望所有的亲子冲突能朝着第二个案例的走向发展，那么，这时就需要父母放下身段和权威，启动同理心，来与孩子进行交流了。

学会倾听

倾听的前提是听，父母不要老是想着纠正和教导孩子，给孩子留出表达的机会，这样，才能有亲子交流的可能。

另外，倾听还需要听得专注，也就是说，既要听懂孩子话里的意思，也要听懂他们的话外音。比如，孩子说："晨晨今天被老师叫家长了。"他讲这件事情的潜台词就是："如果我也像晨晨一样被叫家长了，你们会怎么办？"再比如，孩子因为犯错受到了父母的严厉批评，虽然批评过后他态度恳切地承认了自己的错误，但眼神里却满是委屈，父母就要探究一下，事情的前因后果。

科学应答

在与孩子交流时，科学的应答通常有两种方式，一种是使用"嗯""对""好的"等语气助词，表达你在倾听，对他表示赞同，并鼓励他继续说下去；另一种是听懂孩子的话外音，并帮助他把隐含的意思概括表达出来。比如，对于孩子陈述晨晨被叫家长的事情时，父母就可以询问孩子："真的啊？你是怎么看待他被叫家长这件事情的？是他太淘气了还是老师搞错了？"这能让孩子感受到你的理解和认同，同时也有助于父母进一步了解孩子的真实想法。

换位思考

孩子的"反常"行为背后，大多隐藏着一定的心理原因。比如，喜欢顶撞的孩子，可能只是为了显示自己并不像别人以为的那样软弱；父母一不陪自己玩儿就大发雷霆的孩子，可能只是为了用发怒的方式吸引大人的注意力……如果父母能够换个角度思考，站在孩子的立场上，想一想如果是我的话，我又会怎么想，怎么办，自然就会理解孩子的心意，并站在他们的角度上去了解和解决问题了。

待孩子平静后，教他如何处理负面情绪

情绪其实没有好坏之分。正面情绪，是支持我们前进的不竭动力，负

面情绪也是我们保持心理健康的必要因素。所以，父母要对正面情绪和负面情绪有非常科学的认识，这样，才不会压制孩子的情绪，并引导他们科学地处理自己的情绪，为他们的成长注入力量。

在孩子情绪波动时，允许他们自由发泄

没有多少父母能够在孩子哭闹、耍浑、发脾气时仍旧保持淡定，"不许哭了！""闹够了没有！"阻止他们发泄情绪，往往是父母的第一选择。

但是，回想一下我们自己，当大人被负面情绪控制时，在一系列的倾诉、摔打物品，甚至是吼叫、哭泣之后，原本堵在胸口的那些烦闷，是不是就已经开始消散了呢？原本紧张的神经也会渐渐放松下来。

所以，在孩子冲父母发脾气的时候，父母不要因为烦躁就勒令禁止，而是要在时间和场合都允许的前提下，对孩子的行为保持宽容。等他们发泄完了，发泄累了，情绪自然会平静下来，这时，再与他们就事论事，并引导他们认识和处理自己的负面情绪。

教会孩子用语言表达情绪

研究显示，如果一个人能够用合适的语言，充分准确地表达自己的情绪，他的神经系统就会放松下来。所以，孩子的情绪之所以会无端爆发，很多时候，恰是因为他们不会表达自己的情绪，这时，就需要父母对孩子进行引导，以帮助他们认识和表达自己的情绪。比如，"你不愿意跟妈妈说话，是不是因为妈妈把你的旧玩具扔了让你伤心了？""你这么晚了还不愿意睡觉，是因为明天的表演让你紧张吧……"类似的引导不仅能够帮助孩子理清自己的情绪，还能够帮助他们学习到描述情绪的字眼。

拓展孩子的心胸

兴趣爱好能拓宽孩子的眼界，让他对生活发自肺腑地产生热爱。为孩子培养一些兴趣爱好，比如，画画、书法、唱歌、运动等等，这样，孩子遇事就不再钻牛角尖，而是会慢慢地消化不悦，增加排解压力和郁闷的渠道，而不只是发脾气和哭闹了。

3. 孩子的自我意识在 6 岁时基本定型

他们有主见，有自己的思想

6 岁半的洋洋已经很有主见了。在学校和家里，能够主动维护自己的权益，自己的东西未经允许他人绝对不可以动，哪怕是爸爸妈妈也不行。

而且，即便受了委屈，洋洋也能非常勇敢地说出来。有一天，洋洋在小区里和小朋友玩儿的时候被推倒了，令妈妈欣喜的是，小家伙一没有哭闹，二没有还击，只是眼含泪水地对推倒他的小哥哥说："你再推我，我就不和你玩了。你要跟我说'对不起'，你知道吗？"

心理学家指出，主见和自我意识，是人格的一个重要方面。主见和自我意识属于非智力因素范围，与智力因素组成的心理活动相互联系、相互影响。坚强而有主见的人，智力活动往往呈积极状态，在学习和工作中易产生高效率。反之，如果一个孩子总是表现得顺从、没主见、喜欢模仿别人，那么，势必会对这个孩子的身心健康发展产生不利影响。

6 岁左右的儿童，随着知识经验的增长以及自我意识的不断发展，对很多事情已经有自己的想法。那么，作为父母，可以有意识地培养孩子的自我意识。

首先，让孩子明白，温顺、听话并不是父母希望他们成为的样子，以从根本上提高孩子对于"主见"的认识。要实现这一点，爸爸妈妈可以通过一些故事或者生活中的实例，让孩子深刻体会，一个人只有在学习和生活中有"主见"，才能够为自己的想法而奋斗，从而实现成功。

另外，父母还可以培养孩子独立思考的习惯。当孩子心生疑问时，父母可以引导孩子通过自己的思考主动解决问题。同时，父母还应该让孩子明白，只要是经过自己的充分思考与实践所证实的观点，就必须要坚持，而不应该被周围人的观点随意左右。在日常生活中，父母也应该多给孩子一些独立思考的空间，鼓励孩子大胆交流与质疑，少矫正、少摆布，认可孩子的多元性。

开始对大人的行为和一些周围的现象发表"见解"

"妈妈，你怎么每天都在买东西呀？"

"灿灿的爸爸妈妈肯定是有钱人，她的文具都是外国带回来的呢！"

"妈妈的睫毛今天怎么那么长啊，真漂亮！"

6岁左右的孩子，通常是非常快乐的。他们乐于助人，喜欢动脑，只要有机会，就要谈论自己的想法。他们能准确地判断出自己能做什么，不能做什么，甚至对于大人的行为和周围的一些现象，也经常发表自己的"见解"，尽管他们的意见有时很正确，有时却错得离谱，令人发笑。

既然孩子已经开始有了自己判断对错、评判他人的意识和能力，那么，大人就要注意保护他们的这种趋向，并给予孩子充分发表意见的自由。但现实情况往往是，如果孩子的意见与父母的观点大相径庭，就很容易被冠以"说蠢话""装聪明""挑战父母权威"等头衔。这非常不利于孩子自主意识和独立思考能力的自由发展。

所以，父母首先要给予孩子充分的信任和尊重，要允许孩子在他们的人生，甚至是整个家庭生活中担负一定的责任。比如，在孩子发表意见时，即便他的话很幼稚，大人也不妨尝试着在可接受的范围内予以接纳。当然，父母还必须十分注意自己的态度，不能嘴里说着"好"，眼神、嘴角却流露着不屑，或者干脆是嘴里答应着采纳孩子的意见，实际操作时，却把孩子的想法远远抛诸脑后，完全不予考虑。这样很容易让孩子觉得父母的肯定其实是在敷衍，从而快速从自信的状态变为自卑。

除了要给予孩子自我建设的机会，对于孩子的成长，父母也必须给予充分的耐心。要时刻记得，他只是一个智商和经验只有6岁的小孩，不能迫不及待地希望孩子立刻就变为神童，或者干脆因为着急，就越俎代庖，将孩子独立思考和表达自己的机会凭空剥夺。要知道，成长终究是孩子自己的事，父母不可能代替孩子一辈子。所以，为了孩子的未来，很多时候，父母需要忍耐，也需要割舍。

鼓励孩子参加家庭决策，给予孩子做决定的权利

在我们的生活中，经常会见到这样的场景：

场景一：

妈妈让萌萌自己决定报哪个兴趣班。

萌萌："妈妈，我想学武术。"

妈妈："什么？武术？小姑娘家哪有学武术的？"

萌萌："那我就学跆拳道。"

妈妈："你个女孩子家怎么老想着打打杀杀的？"

萌萌："那我就学跳舞！"

妈妈："跳舞啊？妈妈觉得不太好。你看这么着行不行？学个钢琴，要不然小提琴也行，你看别的小朋友弹乐器的时候气质多好啊！你要是觉得也行的话，妈妈下午就带你去报名啊。"

场景二：

乐乐爸爸做生意失败，最近，全家都陷入财务危机中。6岁的乐乐虽然也隐隐约约地明白"爸爸妈妈最近没钱了，自己不能乱花钱"，但还是不管不顾地今天要买玩具，明天要参加学校的海外夏令营。

责任感，是一个人对自己、自然界和人类社会主动施以积极有益作用的精神。责任感是一个人走向成功的必然要素，但是，现在的孩子却普遍缺乏责任感，很多孩子无法对自己负责，更不要说对他人和整个社会负责了。

为什么我们的孩子会出现这样的状况呢？其实，就像案例中所描述的那样，其根源还在于孩子在日常生活中，缺乏参与自身事务、家庭事务，甚至社会事务的实践，父母总是包办代替，连穿什么颜色的衣服、梳什么样的发型都由父母做主，至于家庭大小事务，更是以"孩子还小，不懂"或者以保护孩子为由，较少让他们参与，甚至完全不让他们知晓。我们的孩子自然也就缺乏对自己和周围人负责任的意识。

下面，我们来看看睿智的父母是怎么引导孩子参与自身和家庭事务的。

> 有一位父亲周末带着 6 岁的儿子及全家人去游乐场玩耍，为了得到优惠，这位父亲一次性购买了 10 张门票，并把这些门票交给孩子保管。孩子高兴得不得了，玩儿着这个项目，又惦记着下个项目，可是没玩儿几场，他就发现剩下的 9 张票全丢失了。这个 6 岁儿童自责不已，但父亲既没有责备，也没有重新买票，而是告诉儿子："今天的票丢了，后面的游戏我们就不能玩儿了，下次千万记得把票保管好。"

这位父亲及时抓住机会，给予孩子参与家庭事务的机会，在孩子犯错之后，他没有指责，反而引导孩子自我反省，从而避免了孩子因为委屈而不愿再参与家庭事务，这对孩子人格和人品的健康发展，起到了极大的推动作用。

4. 6 岁孩子的人际交往：同伴可产生更大的影响

6 岁孩子的人际交往特征

6 岁，是孩子成长过程中一个非常明显的心理转折点。在人际交往方面，会出现典型的"两极化"，即既可爱活泼又刁蛮强横。具体而言，体现在以下几个方面。

与父母之间

在孩子的心目中，母亲始终占据着非常重要的地位。在 5 岁之前，孩子还是非常依恋母亲的，但是一进入 6 岁，孩子就成为自己世界的"中心"。

原本亲密、融洽的母子关系逐渐变得不再那么亲密了，孩子开始找寻与妈妈关系的稳定点与平衡点，母子间的争夺与拉扯变得越来越频繁。一方面，6 岁孩子在本质上是离不开妈妈的，他渴望着妈妈的关爱与体贴；另一方面，随着自己的成长，他越来越想脱离对妈妈的这份依赖。于是，6 岁孩子与母亲的关系便有了许多若即若离的朦胧感，甚至会疏远，产生矛盾。倒是与父亲的关系，还没有如此剑拔弩张。很多孩子不但不想与父亲分离，还非常愿意和爸爸亲近，之所以会有这种表现，恰恰是源于他们对爸爸的敬佩。在 6 岁孩子的心目中，"爸爸什么都能干！""爸爸什么都知道！"

不过，也不是所有 6 岁孩子都能够与父亲保持这种亲密的关系。有时，爸爸会因为孩子的过度关注而产生厌烦情绪，也会因为 6 岁孩子太有性格而大发雷霆，总之，除非是性格特别温柔的爸爸，否则，与妈妈相比，大多数爸爸的性格都比较急躁。而 6 岁孩子体察他人情绪的能力已经很强了，于是，在"暴躁"爸爸面前，孩子往往很乖。和妈妈相比，孩子与爸爸的关系，则显得和谐得多。

与祖父母之间

大多数 6 岁孩子都喜欢去祖父母家，对他们来说，这是一件令人开心的事。如果你问他们原因，他们会告诉你"爷爷不会禁止我看电视""奶奶会给我买棒棒糖"。

祖父母的宽容、疼爱甚至是溺爱使得 6 岁孩子总是期盼再次去祖父母家。一旦父母计划去看望祖父母，他就会兴奋得手舞足蹈。而一旦到了那里，他就会立刻开启活力与热情模式。他的活泼可爱给祖父母带来了无尽的欢笑和心灵的慰藉。祖孙间频频上演着温情与感动。

与老师之间

6 岁孩子在家里也许既霸道、自私又爱耍赖、爱哭鼻子，但在学校里却表现得非常乖巧，遵守规则。所以，当你听到老师这样反馈"他非常懂事""他总是起带头作用"时，不要怀疑，他确实如老师描述的那样。因为大多数 6 岁孩子愿意听从老师的指令、愿意遵守纪律，做一个好学生。

6 岁孩子会把老师当成绝对的权威，无论老师要求什么，他们都会不折不扣地执行。如果父母和老师的看法不同，他们就会比较困惑，不知道该听谁的。因此，在家庭教育中，对于原则性问题，家长一定要做到与学校教育同步，与老师保持一致，这样才有利于孩子均衡发展，并保持良好的人际关系。

依赖和朋友一起玩耍，但会出现一些小矛盾

6 岁多的小米粒有一个非常要好的朋友，就是住在对门的小婕。每天放学后，两个小姑娘就腻在一起，形影不离。

最近，米粒妈妈发现女儿回家后不再急着去对门找小婕玩儿，小婕也一直没有到她家来。妈妈觉得奇怪，一问女儿才知道，两个小朋友前几天因为玩具娃娃穿什么衣服闹翻了。

知道了这件事情之后，妈妈跟女儿认真地谈了一次话，然后，带着女儿去小婕家沟通，在妈妈的引导下，二人和好如初。

6岁的小朋友特别依赖朋友，而且也会将朋友放在非常重要的位置，想要时时刻刻和小朋友腻在一起，有什么好吃的、好玩儿的，都惦记着对方，想要和朋友分享。但另一方面，这个阶段的孩子却有些难以相处。言语和行动上，他们有时会不管不顾，表现粗鲁。性情上，容易情绪化，与人相处时缺乏基本的理解与包容，自己处处想占上风，甚至不惜打破规则、扯皮耍赖，也要将一切过错归咎于别人。鉴于这样的性格特征，6岁孩子会经常在玩耍中和小朋友产生矛盾，好在他们都是小孩子，而且也都彼此在乎，所以很快就能够和好如初。

这种时好时坏、时哭时笑的人际交往状态，是由6岁儿童的性格及阅历共同作用决定的，因此，当孩子在与同伴的相处过程中出现问题，父母的处理方式是非常重要的。

首先，父母要想办法平息争端。如果父母处于矛盾现场，可以大声喊"停"，然后，引导孩子深呼吸或随便走走，以平息他们的愤怒情绪。

其次，待孩子的心态平稳之后，就可以对孩子进行心理辅导了。比如，可以问问他："你喜欢吵架吗？""如果不吵架，你还有别的方式解决矛盾吗？""你能先对她说'对不起'吗？""你先让她按照她的想法打扮布娃娃，然后你再按自己的想法打扮给她看，可以吗？""你该说谢谢是吗？""你们相互拥抱一下，然后再接着去玩玩具好吗？"积极的语言，对孩子的行为走向是一种积极的暗示，同时，你的柔声细语对他来说也是非常大的肯定与鼓励。

渴望胜利：引导孩子合理竞争，照顾同伴情绪

妈妈今天去学校接磊磊的时候，被老师留下谈话了。

原来，今天上体育课的时候，磊磊为了在跑步比赛中赢得第一，故意把跑在他前面的同学推倒在地，同学的膝盖都磕青了。

妈妈批评磊磊，磊磊虽然知道自己犯错了，可态度仍旧倔强，始终不愿意跟小朋友道歉，只是喏喏地说："我没想摔伤他

的，我就是想得第一。"

学会竞争，是征服世界的通行证。一个人如果没有竞争意识，不想赢，那自然会形成惰性，甘于平庸，最终导致碌碌无为。也因如此，哲人才将成功认定为竞争对手的功劳。

让孩子拥有竞争意识非常重要，让他明白所建立的竞争意识是否合理，也同等重要。否则，孩子就会像案例中的磊磊这样，为了赢可以不择手段，这并不是我们想看到的。对此，父母应正确引导，一方面通过教育让孩子知道竞争的重要性；另一方面，也得帮他明确竞争的边界，不能以抛弃一切为代价去换取胜利。

帮孩子确定竞争优势

当你的孩子相信自己，认定自己有力量去实现自己的目标时，才能在竞争中呈现朝气蓬勃、乐观向上的状态。但这种自信并不是空口无凭的，是需要家长通过引导和挖掘帮助孩子找寻的。比如，有的孩子看似心不在焉，但记忆力很强；有的孩子算数很差，在语言方面却有极强天赋……这些，都是需要父母敏锐察觉的。找到竞争优势，再在优势基础上不断进行强化，孩子才会在竞争中克服恐惧，变得自信和勇敢起来。

端正孩子的竞争心态

要想让孩子树立正确的竞争意识，就要先帮助他端正心态。要让孩子明白，在竞争中淋漓尽致地展示自己，这是一件非常美好的事。父母要告诉孩子，竞争中的胜利固然重要，但同伴间的团结协作，才是一个人取得长久胜利的要诀。在这个方面，如果父母能够做出良好示范，教育效果就会更好。

引导孩子向对手学习

一年级的第二个学期开始了，欣欣放学回到家对爸爸说："爸爸，我要当前三名"。爸爸问她："现在你们班谁学习最好呢？"欣欣答："我知道，是赵子明。"爸爸又问："赵子明在学习上有哪些优点呢？"欣欣说："他非常爱学习，经常举手发言，按时完成作业，还喜欢看课外读物。"爸爸说："现在你知道应该怎么做了吧？记住，知己知彼，学人之长，才能胜利有望。"

欣欣顿时信心十足地说："爸爸，我明白了，以后我要向赵子明学习！"

在爸爸的启发和帮助下，欣欣看到了竞争对手的优势，今后也会把对方当成自己学习上突破的动力，这样孩子就会收获良好人际关系和学习成绩。

5. 6岁：给孩子立规则的关键期

为什么要给6岁孩子立规矩

当孩子在超市因为想买什么东西被拒绝，而倒地打滚、哭号连天的时候，父母总是满心无奈、束手无策。有的父母，因为抑制不住愤怒，直接把孩子揪起来揍一顿了事；有的父母，为维护面子，快速平息事端，对孩子退让妥协；有的父母，则给孩子讲一堆大道理，结果却如鸡同鸭讲，只是徒增无奈与伤心……

正所谓"无规矩不成方圆"，孩子之所以动不动就以打滚、哭闹的方法

"要挟"父母，根本原因就在于，父母没有给孩子的行为确定框架，而是默认了他们的"放肆"。孩子也敏锐察觉到，自己这种"放肆"在父母那里确实行得通。所以，如果父母能较早地规范孩子的行为，特别是在 6 岁逆反期，也即入学的第一年，让孩子懂得什么能做，什么不能做，打破规矩会导致怎样的后果、接受怎样的惩罚的话，无论对孩子的健康成长，还是上学后的状态，都将是极大的帮助。

在全球范围内，规矩教育是一个真正精通教育的家庭必须要熟练掌握的一种基本教育手段。那么，对于 6 岁孩子，父母要着重在哪些方面给他立规矩呢？

第一，做人方面。比如，孝顺父母，对长辈要恭敬，对晚辈及朋友要爱护。

第二，做事方面。比如，与人交往必须要诚信，遇事要坚强，做事要勤劳，以及"今日事今日毕"等等。

第三，学习方面。比如，每天回家之后，必须在一个小时之内完成作业才能够看一集动画片；考试必须进入班级前五名，才有机会跟爸爸妈妈旅游；看书写字的时候必须专心致志，否则任务量要加倍等等。

第四，劳作方面。比如，睡觉前必须自己主动刷牙洗脸，袜子要自己洗，不能耍赖。帮妈妈洗一次碗，就能攒一颗小红心，攒够 10 颗，就能要求爸爸妈妈实现一个自己的愿望。

规矩简单、明确、具体，孩子才乐意照着做

了解了规矩教育在家庭教育中的重要性后，接下来，我们就要了解一下，就 6 岁儿童的认知发展水平来看，究竟什么样的规则才是孩子爱听且听得懂的。

给 6 岁孩子订立规矩，必须简单易懂

6 岁小孩的理解力较差，自控力也没有那么高，所以，冗长而复杂的规矩，孩子非但无法遵守，甚至都搞不清大人究竟想让自己干什么。

比如，希望孩子回家后不要乱扔东西，而是按规矩摆放，与其抱怨连连："跟你说多少遍了，每天回来不要乱丢书包，你是不听还是不记？"倒不如直接告诉小朋友："现在，请你把书包拿进书房。以后每天回来都是这样，不能乱丢，这是小朋友必须遵守的规矩。"第一种说法会让孩子觉得父母是在责备自己，而忽略了言语中的要求，第二种说法则将具体规则简单易懂地表达出来了。

给6岁孩子订立规矩，指示要明确

订立规矩时，如果时间、内容和可能出现的后果不明确的话，就很容易被孩子抓住变通空间，甚至直接将父母的叮嘱抛诸脑后。

比如，想要孩子必须在9点钟准时上床睡觉，与其说："别磨蹭了，赶紧睡觉，你看都几点了！"倒不如换成这样的明确指示："你看，还有10分钟就9点了，该睡觉了。我们现在就去刷牙洗脸，然后上床讲故事睡觉。"

给6岁孩子订立规矩，信号要明确

比如，我们要告诉孩子"红灯停，绿灯行，黄灯慢行"，那我们就要清楚地告诉孩子，看见黄灯时什么情况下该停，什么情况下可以行。再比如，我们会经常要求孩子做事情快一点儿，那么，什么是快？究竟快到何种程度才算快？这些都应该明确表述出来。

此外，订立规矩时，必须明确告诉孩子如果事情无法达成可能产生的后果。比如当他洗漱磨蹭时可以告诉他："建议你在10分钟之内完成洗脸刷牙，否则就没时间吃早点，要饿着肚子去学校了。"

选择相信：表达对孩子的信任

在家庭教育中，经常能听到的两个词：温和与坚定；还有两个词，大家也耳熟能详，那便是爱与自由。

现代社会对为人父母者提出了更高要求，那么，在规则教育这个充满矛盾与冲突的领域里，父母如何在坚守规则的同时保持温和而坚定，又将爱与自由赋予孩子呢？信任，便是解决这一切的密钥！

让我们来看这样一个事例。

　　这天晚上，妈妈给涵涵讲完故事准备关灯睡觉时，时间已过9点半了。可是，涵涵似乎还有使不完的劲儿，非说要再看一本画报才能睡。妈妈说："不能再看了，明天又不是周末，你还要上学，必须按照我们说好的，9点半睡觉。"

　　涵涵不愿接受："哼，我就是要看书。"

　　以往的经历告诉妈妈，儿子今天又犯倔了！说话不算话！妈妈想狠狠训斥儿子，又怕像往常那样两败俱伤，儿子哭一顿然后含着眼泪入眠，自己呢，最终也是心酸满满。妈妈深吸了两口气，待情绪平稳之后，自我反思道：我为什么不同意儿子再看一本书呢？事实上，儿子想看书这件事本就没有什么不对，只是我觉得他在打破规则，才这么生气。那儿子为什么非要这么晚了还继续看书呢？唉，他其实只是不想睡觉，想多玩会儿，他其实并不是故意跟我对着干的。

　　重新建立对儿子的信任之后，涵涵妈妈决定换种方式处理这件事。她揽过儿子肩膀，温柔地对他说："妈妈相信你会遵守9点半入睡的约定的，不过，既然你还不困的话，妈妈就允许你再看5分钟，不过真的只有5分钟哦，不然明天早上你上学该起不来了。等到了周末不上学的时候，妈妈会允许你多玩一会儿的。"

　　涵涵听后，认真地点了点头。于是，他继续拿起一本画报看了起来，陪在旁边的妈妈仍旧给予他充分信任，没有催促，也没有表现出烦躁。反倒是涵涵，对这5分钟表现得特别在意，看一下书，就问妈妈过了几分钟了，5分钟结束后，他放下书本，乖乖地闭上了眼睛。

你看，即便是 6 岁孩童，他也在反思，也在成长，只要父母给予他足够的肯定和信任。所以，在孩子出现问题时，父母不要急着否定一切，而是要选择相信，听听孩子的想法，再与他分享自己的想法和感受，并以此为基础确立新的方案。相信信任与尊重的力量，孩子给予我们的反馈绝对超乎想象。

规则教育的原则：一定要坚持

很多家长都有这样的烦恼，为什么自家孩子经常视规则为无物？当家长拉出孩子"背锅"时，有没有反思一下，在规则教育的过程中，自己是不是忽略了什么呢？

对，就是坚持！在规则教育过程中，最需要遵守的一个原则，就是坚持。何为坚持呢？就是只要家庭成员间一起订立的规矩，无论在什么时间、什么场合之下，都必须坚持。比如，要求孩子在家里不许乱扔垃圾，到外面时也坚决不允许，千万不能在家里时千般要求，到外面就换了另外一套标准，这样只会让孩子无所适从。

另外，规矩不仅仅是为孩子订立的，父母也必须严格遵守，以身作则。比如，要求孩子温言细语，父母就必须收敛自己的脾气，不能一着急就大声喊叫；要孩子好好吃饭，父母在吃饭的时候就不能挑食浪费，更不能大声喧哗，甚至出现边看电视边吃饭、边玩手机边吃饭的现象，这些很容易让孩子对规则的边界变得模糊。

当然，在坚决执行规则的过程中，难免会出现反复劝说无效的状况，这个时候，父母就不要一直要求，而应巧妙地换一种方式，迂回婉转地达到目的。比如，孩子只爱吃肉，一见到水果青菜就皱眉头，虽然他也知道水果青菜对身体好，可含到嘴里就是咽不下去。这个时候，我们就不要强迫孩子吃了，这反而会引起他们的逆反。但是，如果我们经常做一些包子、饺子，或者把蔬菜榨成汁和面做面条吃，把水果榨汁直接喝，也能够让他们进食很多青菜和水果。而且，如果我们每次吃他们不愿意吃的东西时，故意做出津津有味的样子，引得他们眼馋，他们可能还会主动要求吃一点。

我们要求坚持原则，但这并不意味着，规则是绝对不能更改的，如果孩子要求而环境又允许时，我们偶尔也是能够"放宽政策"的。比如，周末的时候允许孩子晚起一个小时、中午不睡午觉看一会儿电视等等。我们要相信孩子，偶尔的"放纵"并不会成为常态，习惯是日积月累的结果，偶尔的"放纵"，反而会在很大程度上减轻压力，促使孩子更加自觉地遵守规则。

第二章

6岁孩子的心智发育：

全面了解你的孩子

正所谓"知己知彼，方能百战不殆"。在与6岁孩子相伴成长的过程中，他的语言能力、思维发展、认知进程、情感变化……都是需要父母充分了解的。那么，父母该如何抓住这个成长的关键期，引导6岁孩子的心智全面发展呢？

1. 语言方面

6岁是书面语言发展的成熟期，孩子有许多奇妙的想法

我们为什么会说6岁孩子已经进入到书面语言发展的成熟期呢？这是因为，6岁儿童在语言的发展方面，已经明显呈现出如下特点。

1. 语音的主动意识加强

6岁孩子的语言方面已发育成熟，通过成人的正确引导，基本能够听清也能够正确发出母语的全部语音，正确的发音条件也促使他们产生了准确清晰表达的愿望。不仅如此，他们已经掌握了基本的语调规则，能够将更大范围的字、词、语音放入句子，掌握并运用更复杂的语音结构。这些，都成为6岁孩子书面语言发展的基础。

2. 语法结构严谨有序

6岁孩子语言中的复杂性已大大增加，他们能够掌握并熟练运用很多规范的语法，并在语言中反映事物的简单逻辑关系。比如，他们的语言中会经常出现"因为""但是""如果""要不然"等表示因果、转折或条件假设关系的连词，还会有一些数量词和形容词。虽然有时使用得不一定恰当，但词汇形式已经可以说是非常丰富了，这便为他们充分表达想法插上了翅膀。

3. 表达顺畅流利

由于有了一定的语法基础，6岁孩子已经能够通过语言把自己的情感、思想，甚至一些非常美妙的想法表达出来了。而且，他们表达的连贯

性和逻辑性已经有了明显增强，成人不再需要通过他们的动作和表情去推测意思，而是能够根据他们自然、生动的描述，轻松体会到他们的思想情感。

6岁孩子对于语言的要求非常强烈，他们的话语往往内容广泛、想象丰富，会经常模仿大人的口吻讲话，也乐于表演自己熟悉的故事，甚至进行角色扮演。

教孩子掌握简单书面语、简单识字

既然6岁孩子已经具备了运用书面语的能力，那么，父母该如何抓住这个成长发展的关键时期，促进他们书面语言的发展，教会他们读书识字呢？

首先，创设合适的环境。

6岁孩子还处在从幼儿园向小学过渡的第一年，获取知识的环境应该是轻松愉悦的，所以，教6岁儿童说话识字，就没必要像小学那般规整、严肃，尽可能创设一些非书本环境，让孩子在潜移默化中提升能力。比如，在墙壁或各种物品上贴上相应的汉字，或者购买一些优质图书，由大人引导儿童共同阅读。此外，言传身教也非常重要，父母应该成为孩子主动阅读和学习的表率。在家时，多看书，多学习，并积极地参与适合孩子的阅读活动，以全面提升孩子的学习兴趣。

其次，培养良好的阅读习惯。

在孩子早期的语言和识字能力的培养过程中，看书、阅读占有非常重要的地位，规范的语言习惯、简单的识字能力，大多是在阅读过程中形成的。

所以，父母一定要让6岁孩子养成良好的阅读习惯，阅读时，要身体正、两手平，手指字、耳朵听，眼睛看、心专一。经过长期的不懈培养，孩子一定会养成爱护书本、专心看书的好习惯，语言能力和识字能力也会大幅提升。

再次，采取图文并茂的学习方式。

比如，大人可以和孩子一起看绘本。在阅读绘本的过程中，父母可以根据画面，由浅入深地提出问题，鼓励孩子表达，并扩展他们的思维、想象能力。在孩子能力允许的条件下，父母甚至可以鼓励孩子大胆讲述自己所编创的故事。

父母可以引导孩子接触成语

案例 1

爸爸跟妈妈告状："宝贝今天在外面淘气得不得了，把小伙伴的玩具扔到喷泉里了。"

孩子："你别添油加醋了，我今天很乖。"

案例 2

6 岁的小女孩在学校因为淘气被老师训斥，妈妈接她时，她脸上有些不高兴。妈妈为了哄女儿开心，便说："妈妈不是一直不让你吃冰激凌吗？今天妈妈放宽政策，给你买个冰激凌吃。"没想到，女儿却一口拒绝："我现在心里热血沸腾的，不想吃了。"女儿居然认为热血沸腾是用来形容伤心的，妈妈为此笑弯了腰。

成语的运用不仅可以帮助孩子自由表达思想，对于他们自信心的形成和良好个性的发展，也非常有帮助。那么，父母如何在家庭教育中引导 6 岁孩子接触甚至熟练使用成语呢？

选择适合 6 岁孩子的成语

6 岁孩子会说、会用的成语，必须是符合这个年龄段儿童思维发展特点的，一定要直观、形象、具体，并且易于理解和掌握。比如杀鸡取卵、愚公移山、守株待兔、亡羊补牢、揠苗助长之类的成语，既有故事性，又包含简单易懂的道理，非常适合 6 岁孩子接触和理解。父母可以从类似的成语入手，让孩子多读多看。

帮助儿童猜成语

猜，是现在儿童教育界非常流行的悟性学习法。猜的过程其实是一种游戏化教学，这比单一的死记硬背来得轻松，也更容易牢记和活用。

具体的操作方法是：父母可以说出一个成语，让孩子根据字面意思去进行猜测，比如，大笑不止、汗流浃背等。要注意，父母和孩子这样猜成语时，选择的词汇应该尽量浅显易懂，方便孩子根据字面意思去完成猜测。

另外一种操作方式是：父母先讲述一个字或两个字的意思，然后再让孩子猜，这样，可以从很大程度上减轻学习的难度。比如挥汗如雨这个成语，可以先给孩子解释挥就是擦去的意思，如就是好像，所以这个成语的意思就是用手擦汗，汗水却多得像下雨一样。

引导孩子记忆成语

在了解了成语的具体语义之后，如何引导孩子牢记而不遗忘呢？

游戏是一种非常好的途径。比如，父母可以和孩子围坐在一起，要求每人依次说一个成语，说出的有奖，说不出的就被淘汰或要求表演一个节目。

猜成语也是一种非常有趣且有效的形式。比如，家长可以说出一个成语，让孩子猜出这个成语的意思，像是三头六臂。或者，也可以由家长说出一个语义，让孩子猜是什么成语。比如嘴巴一刻不停地一直说话，就是喋喋不休。

看图说成语。请孩子用图画将成语表达出来，并要求他讲出自己所画成语的含义。或者父母通过展示图画，用直白简单的画面让孩子记忆成语。

如何教孩子自己讲故事

最近，跃跃的老师要求家长每星期教孩子讲一个故事，每个周五，都会在班级内举行故事会，要求孩子们轮流登上讲台，在全班小朋友面前讲故事。

接到这个"任务"的第一个星期，跃跃的妈妈没当回事儿，结果，在周五的通报微信中，老师给跃跃的评价是"不甚良好"。虽然跃跃和小朋友们并不知道老师对自己的评价是好是坏，但这让跃跃妈很不是滋味，于是，她决心教儿子讲故事。

让儿童在人群面前讲故事，的确是锻炼孩子口才和胆识的一个好方法，因此，它作为一种行之有效的教学方式，在学校中被广泛使用。即便不是为了应对老师的考验，在我们的日常生活中，一个能说会道的孩子，也往往是更加讨喜的。那么，父母究竟该如何教孩子讲故事呢？

第一，选择一个适合孩子的故事

对一个 6 岁孩子来讲，他们虽然已经能够清楚叙述一件事情，但对于太长、情节太过复杂的故事，还是不容易把握，所以，在教孩子讲故事这件事情上，帮孩子选择故事时一定要遵循以下几点。

故事的长短要适当。特别是对于第一次学讲故事的孩子，故事一定不能长，太长、太复杂的故事容易导致孩子思维混乱，讲不好的话有可能影响他们的自信心。如果遇到长句，家长也可以帮着断一下句。

故事的内容要简单。故事最好以小动物为主角，这能够极大地提升孩子的兴趣度。像"司马光砸缸"这种大人念起来都很费劲的故事，对于初学讲故事的孩子最好还是抛弃掉，以免孩子因为频频犯错而影响自信心。

减少华丽辞藻的运用。过于华丽的辞藻，孩子难以理解，在进行记忆时也就大打折扣，运用这些词汇无疑是画蛇添足。爸爸妈妈在教孩子讲故事的时候，最好先把书上的故事"翻译"一遍，多用口语，少用书面语，这样更方便孩子记忆和复述。

第二，根据孩子的特点有针对性地教孩子讲故事

比如，有的孩子喜欢动物，那么，就多教他跟动物有关的故事；有的孩子喜欢汽车，就多教他与汽车相关的故事，兴趣能够极大提升孩子的记忆力和表达力。另外，父母也可以通过讲故事这件事达到教育孩子的目的，比如，有的孩子不爱劳动，爸爸妈妈就可以有意选择诸如"自己的事情自己做""能干的小熊"之类的故事教他讲。

第三，充分利用绘本或充满画面感的想象

6 岁孩子的抽象逻辑思维才刚刚萌芽，思维还是以具体形象为主要特征，这就意味着，他们更容易接受的形式还是图画。因此，父母在教孩子讲故事的时候，就可以充分利用色彩鲜艳的绘本，边帮孩子读，边教孩子讲。如果不是书上的故事，父母在教孩子讲述的过程中，也可以有意识地为孩子描绘一些场景，以帮助孩子进行记忆并增强故事的生动性。

第四，动作不要加太多

教孩子讲故事的时候，增加一些反问句或者动作，可以提升故事的感染力和生动性，但是，在刚教孩子讲故事的时候最好还是不要加太多的语气或动作，建议等孩子对故事熟悉之后再加，不然很容易让孩子变得手足无措或动作、语言无法协调。

2. 思维方面

6 岁孩子已经具备归类的能力

归纳能力，是指从一系列具体事实中概括总结出一般原理的方法。认识活动总是从个别事物开始，然后延伸到万事万物。同时，世界上的万事万物，即便外表再大相径庭，却又都能够按照某种特性归于某一门类。对大多数 6 岁孩子来讲，已经具备了这种能力，他们通过学习和日常生活的经验积累，已经能够明确掌握分类的概念。

归类，既可以实现知识的系统化，又利于发展孩子的概括能力，因此，在早期启蒙教育中，有意识地培养和提升孩子的归类能力，是非常必要的。那么，父母该如何加强 6 岁儿童这些方面的能力培养呢？

为孩子创设一个五彩斑斓的世界

知识始于观察，思维源于感知。孩子在日常生活中接触和感知到的东西越丰富，他们的思维就会越活跃、越深刻。所以，在条件允许的情况下，父母应该尽可能多地带孩子脱离习以为常的生活环境，广泛地接触自然，融入其他人文社科类环境，让孩子在游乐中开阔眼界、提升思维力。

允许孩子自由、快乐地探索

身处幼儿期的孩子，总是在积极主动地探索世界，"为什么""这是什么""然后会怎么样"，几乎像口头禅一样时刻挂在他们的嘴边。对于他们可能带来麻烦的探索以及让大人应对不暇的十万个"为什么"，父母要保持十足耐心，不仅要准确解答，以满足孩子的求知欲，更要在条件允许的情况下不断创造条件，让孩子在自然、宽松的环境中自由快乐地探索。

有意识地训练孩子的归类、归纳能力

游戏是亲子互动时的一种常见模式，那么，当父母和孩子一起游戏时，不妨将思维训练有意识地融入游戏，以提升孩子的归类、归纳能力。

比如，设置诸如"什么动物在地上走""什么动物在天上飞""什么动物在地上爬"的话题，和孩子比一比，看谁能举出的例子多。或者，由家长提出一种动物，像是小鸡、牛、狼、猴子、兔子、小猫、小狗等等，然后请孩子讲一讲动物身上都有哪些与众不同的特性。这样的游戏，不仅能让孩子在快乐的问答过程中学习如何进行归类和归纳，还可以帮助他们充分掌握各种动物的特性以及家禽、家畜、野兽等的概念。

增强孩子的逻辑思维能力

柜子上放着一个玩具，孩子个头太小了，够不着，怎么办？于是，孩子搬来一张凳子，爬上去，玩具到手。这是 3 岁孩子思维能力的典型表现，属动作思维阶段。

你问孩子 3+4 等于多少？他不知道。如果你说："给你 3 个苹果，再给你 4 个橘子，你一共有多少个水果啊？"他就会响亮地喊出答案："7 个！"这是 3 ～ 6 岁孩子思维力的典型表现，属具体形象思维阶段。

你问孩子："一条狗有 4 条腿，两条狗有几条腿？"他回答："8 条！"你再问："什么是猫啊？"他回答："有四条腿，毛茸茸的，还会'喵喵'叫的就是猫了！"回答此类问题所需要具备的，就是抽象逻辑思维能力了，这也是儿童在 6 ～ 11 岁期间必须培养和提升起来的一种能力。

思维能力是人的一种精神活动能力，是智力的核心。一个孩子是否具有广阔、灵活、敏捷的思维能力，对其智力的发展有着非常大的影响，甚至可以说，逻辑思维能力是孩子能否成才的一个重要的智力因素。

既然逻辑思维能力在一个人的一生中起着如此重要的作用，那么，如果爸爸妈妈能敏锐抓住 6 ～ 11 岁逻辑思维能力发展的关键时期，努力培养孩子这方面的能力，将为孩子的未来发展奠定良好基础。

帮孩子理解顺序的概念

顺序练习可以极大地提升孩子的逻辑思维能力。顺序包括从大到小、从硬到软、从甜到苦等等，爸爸妈妈可以把这方面的训练融入生活，比如，在吃水果的时候，可以要求孩子把水果按照大小或软硬程度进行排列。

让孩子学会分类

父母要引导孩子把生活中的物品进行分类，归类的标准可以是颜色、大小、形状，甚至是相对抽象的用途或者日常使用频率等等。在这个过程中，父母要做的，是帮助孩子明确事物的相同点，这样，既锻炼了孩子的思维力，又能够促使孩子在对事物的分析过程中提升观察力。

引导孩子扩展思维

当孩子看到、听到或者接触到一个事物时，父母应尽可能地引导孩子发掘新潜质，摆脱旧观点、旧方法的束缚，创造出新的观点、方法或结论。比如，当孩子拿出一支铅笔准备写字画画的时候，父母就可以有意无意地询问："你拿铅笔干什么啊？"当然，他肯定会说出铅笔的准确用途，你就可以接着问："铅笔还可以用来做什么呢？"你会惊喜地发现，他的答案千奇百怪，思维的发散程度也是大人很难想象的。

鼓励孩子多问为什么

"小鸟为什么会飞？""因为有翅膀。""那鸭子也有翅膀，怎么就飞不起来呢？"接触任何事物，父母都可以引导孩子多问"为什么"，并将这种思考和对生活的好奇变成一种习惯。此外，在遇到习以为常的问题时，父母也可以引导孩子换个角度进行观察和思考，以锻炼他们思维的灵活度。

培养孩子的集中注意力

在东东的班级群里，爸爸妈妈们会就孩子的教育问题分享经验，也经常会分享一些孩子在日常生活中的小视频。在这其中，东东妈妈就发现，一个叫琪琪的小朋友，总是表现得特别专心。无论是琪琪妈妈发的女儿平时在家里看画报、写字画画的视频，还是老师发的琪琪平时在课堂上的动态，琪琪都表现得非常专心，而且很多事情都比同龄孩子记得准确。东东妈妈很纳闷儿，为什么自己家的孩子就不是这样呢？

有意识地注意、识记，反映到6岁孩子身上，就是我们通常所说的"专心"。

6 岁孩子注意力不集中其实是非常正常的表现。心理学研究证明，3 岁幼儿的注意力维持时间是 3 ～ 5 分钟，4 岁孩子可增加到 10 分钟，到了 6 岁也还是只有短短的 15 分钟。尽管 6 岁孩子注意力能够集中的时间短，但是不是就是说这个阶段的孩子不需要培养注意力呢？答案当然是否定的。

学龄前儿童的主要任务，就是通过一些训练，为他们即将到来的正规学习准备条件。而良好的注意力，就是孩子进入小学之后必须具备的条件之一，因而，孩子注意力的培养，也须从学龄前就开始。

怎样提升 6 岁孩子的注意力呢？最关键的就是从生活小事入手，家长要有意识有目的地向孩子提出一些要求，并告知方法，引导孩子学会抓住本质，由浅入深。比如，和孩子一起数豆子、试着穿针引线、玩 "大家来找茬" 的游戏……一个人注意力的强弱还与自制力有密切关系，而自制力的培养，可以通过要求孩子在一段时间内专心做一件事情，比如绘画、弹琴、读书等方式进行培养。家长在日常生活中应特别注意，不能一会儿让孩子做这事，一会儿又让他干那事，当孩子的行为习惯养成时，一种固定的心理活动便也随之形成了。

回想一下，我们的孩子在看动画片或者玩玩具的时候，是不是总是聚精会神，甚至会对周围的人和事视而不见呢？这就说明，孩子对一件事情越是有兴趣，就越能够集中注意力。所以，父母要想训练孩子的注意力，就千万不要把孩子关在家里，而是要带他融入大自然，鼓励他进行各种活动，让他们在活动中发觉和发展自己的兴趣和能力，并由此提升自己的注意力。

此外，心理上的不安全感以及自信心不足，也会导致儿童注意力不集中。对此，家长应该反思自己的教育方式以及为孩子成长所营造的环境，不应一味地埋怨孩子不认真，而要反省一下，自己是不是在日常生活中对孩子包办太多，是不是家庭氛围过于嘈杂甚至浮躁，导致孩子注意力不集中。

3. 认知方面

数的概念：掌握 100 以内数的概念、10 以内的加减法

"宝贝儿，你今天又在陌生人面前说大话了哦！"妈妈满脸宠溺地对自己 6 岁的儿子说。

"没有啊！"儿子果决否认。

"今天爸爸的同事问你数数能数到多少，你说你能数到一百万。"

"我就是能啊，我就是能数到一百万，还能数到一万万！"

6 岁孩子的数学水平相比 5 岁时又有了大幅度提高。比如，6 岁孩子可以流利地数到 100；能够熟练地进行 10 以内数字的组成和加减运算；认识立体图形和图形的拼摆；可以使用简单的计量单位，比如一两、一斤等等。当然，案例中的这个"说大话"儿童，在我们的生活中也是非常常见的，6 岁孩子常常高估自己的能力，说自己数数能数到一个亿、可以做无上限的加减法，在他们口中，仿佛只要他们"使使劲儿"，给他们一根杠杆就能撬起整个地球。

对于 6 岁孩子数学能力的提升，父母不必过于着急，大可结合日常生活来提升他们对于数的概念和运用能力。比如，和孩子一起手口一致地点数物体，让孩子明白，物体的数量不会因为排列形式、空间位置的不同而发生变化；请孩子帮忙从消毒柜里拿出几个碗、几双筷子等等，为孩子提供"按数取物"的机会；要求孩子为两个人均分 4 个苹果，或者故意给他把 5 块饼干分给两个小朋友的"难题"。这些训练，都能够极大提升孩子数学运用方面的能力，为孩子正式学习阶段的到来做足准备。

6 岁孩子已形成初步的时间观念

如果你问 6 岁半的清清最喜欢哪个季节，她的答案一定是冬天。为什么呢？因为清清出生在腊月，她自己知道，只要冬天来了，她最喜欢过的"节日"——生日就要到了。"过生日的时候妈妈会把我打扮得特别漂亮，大家会送我好多好多礼物，大家还能一起吃好吃的蛋糕呢！"

孩子进入 6 岁之后，对于时间已经有了基本的认识。他们能够理解并正确使用大人话语中常常出现的那些与时间有关的词汇。

他们知道过去和将来，喜欢缠着爸爸妈妈讲他小时候的故事，有时还会模仿小时候的样子做事情。

他们能够说出今天是星期几，计算得出这一周还需要上几天学，有的孩子还能说出一些日常事务与时间的相互关系，比如几点起床、几点睡觉等等。

他们能像案例中的清清那样记住自己的生日是哪天，了解节假日以及家人生日等的时间序列，比如，他经常会提前几天给妈妈画一幅画，作为送妈妈的礼物。此外，他们还乐于回味并向往各个不同的节假日。

他们还能清楚地描述出自己每天起床、吃饭、上学的时间，对于自己喜欢的动画片几点播放，也能说得非常准确。虽然 6 岁孩子认识钟表还不是那么准确，也对具体的时间长度把握没那么准确。但是，如果妈妈跟他说短针到几的时候做什么事情，他还是能够理解的。

6 岁的孩子，对于时序的认知水平差异很大。他们对于一日之内的三个较大的时间单位——早上、中午和晚上，已经有了一定的认识，但是，这种认识，还仅仅停留于能够正确区分的程度，因为一日之内的早、中、晚是固定的，6 岁孩子把这种时序看成是孤立、静止的状态。

6 岁孩子对于一周之内的时序、一年之内月的时序、一年之内四季的时序，认知程度也明显低于对于一日之内时序的认知。孩子对于时间的认知主要依靠时间经验，每日的时序周期短，便能够让他们形成比较深刻的印象，但周、月，特别是季节的周期间隔相对较长，即便他们知道1月是新年可以收到新年礼物、6月是儿童节可以得到儿童节礼物，但他们却不容易对周、月、季节的变化时序形成深刻的印象，因此，需要父母通过有针对性的训练帮助孩子区分和强化。

给父母的建议

1. 帮孩子树立时间观念。在孩子有了一定的时间观念之后，父母就可以引导孩子认钟表、计时间了，具体方法我们将在下一节详细讲述。当孩子能够自主认识时间之后，他们才能自然而然地认识到时间的流逝，从而自觉调整自己的行为。

2. 引导孩子学会珍惜时间。对于那些慢性子的孩子，父母不妨引导他与别的小朋友进行比较，比如，"你看，妙妙都做完作业了，你才做了一道题，怪不得每天早上你都会迟到呢。"

3. 教会孩子与时间相处。要想强化孩子的时间观念，就必须让他学会与时间相处，比如，出去游玩，如果他没有磨蹭，痛痛快快出了门，那就可以在游乐场多玩一个项目。可是，如果在规定的时间内因为拖拉还没出门，活动就必须取消，或者干脆不带他去了。

父母可以适当引导孩子认识钟表

6岁孩子对于时间的概念已经非常明确了，他们知道早上该起床、上午该上学，甚至有些6岁儿童已经可以通过系统训练自己看时钟。

安琪最近对钟表特别感兴趣，总是一会儿就指着墙上的挂钟问大人："现在几点了？"妈妈看女儿这么有兴趣，特别认真地教女儿怎么看钟表，但是，女儿似乎并没有听懂。这天早上，她又煞有介事地在客厅喊："八点钟了，我们要迟到了！"妈妈抬头看了眼挂钟，时间才刚刚七点半嘛。"唉，女儿又认错时间了！"妈妈在心里深深叹息。

长针指向几，短针指向几，现在是几点几分？这是认识钟表最基本的环节。随着孩子的不断成长，自然会对大人世界的东西产生浓厚兴趣，钟表便是其中之一。6 岁孩子即便能够认识 60 以内的数字，但是，由于对钟表的刻度和数字间的倍数还很生疏，所以准确地认识钟表仍旧不易，那么，父母究竟该如何引导孩子认识钟表呢？

第一步：教孩子数 5 的倍数。5、10、15……直到 60，这是认识钟表的基础。要想让孩子学会数 5 的倍数，父母除了可以经常在孩子耳边背诵，还可以通过玩具，比如，让孩子把糖果按照 5 个一堆进行分配，或者以 5 为倍数进行数字接力游戏等，来帮助孩子进行记忆。

第二步：认识整点。在孩子会按照 5 的倍数熟练数数之后，父母可以用钟表玩具或直接把墙上的钟表摘下来，教孩子认识时针、分针，并从整点开始，认识时间在钟表上的具体表达，还可以将时间与日常生活紧密联系在一起。比如，告诉孩子："12 点了，该吃午饭了！""明天是周末，我们不用 7 点起床，可以多睡一会儿！"

第三步：熟悉分针。认识了时针之后，父母就可以引导孩子认识稍有难度的分针了。这次，不要让孩子看针所对准的数字，而是要从最顶端的数字 12 开始，5 个一组地顺时针数过来，如果分针是在两个数之间，就需要再仔细去数落在第几个小格子上。

第四步：彻底熟悉钟表。有了以上三步的知识作为基础，父母就可以告诉孩子钟表盘上每一个小格子和每一个数字所代表的意义，并进一步教他们区分时、分、秒的概念、差异和它们之间的等量代换关系。

父母要培养孩子养成规律作息、珍惜时间的好习惯

案例 1

果果妈妈认为，小孩子的成长要自由，没必要有太多拘束，所以，对儿子什么时候起床、什么时候睡觉并不强求。大人总是 10 点、11 点才睡觉，孩子也到这个时间点才睡；有的时候，大人

看电视到 12 点，孩子睡觉的时间也随之晚到 12 点，以致第二天上学怎么也起不来床。

案例 2

卡卡是家里的宝贝，爸爸妈妈最见不了儿子抹眼泪，所以，无论什么事，只要儿子一哭，大人就得顺从。

"妈妈，我不想睡觉，还想看电视。"

"不行！太晚了，明天得上学！"

"我要看嘛……哇哇哇——"

"好好好，别哭别哭，就看十分钟！"

著名的生理学家巴甫洛夫曾说过这样一句话："各种各样的习惯都是一种连锁条件反射系统。"可见，任何习惯的培养，都必须持之以恒，按照既定要求一以贯之地去做，使所坚持的行为形成条件反射，成为自觉遵守的习惯。

良好作息习惯的养成也是如此。作为父母，一定要尽早实施，而且要坚决执行，切不可误以为孩子长大了就可以放任自流，或者经常以孩子累了、父母有事等特殊情况为由，随便打乱作息，这样，孩子良好的作息习惯便很难形成了。

首先，父母应该在什么时候就让孩子养成按时作息的习惯呢？良好作息习惯的养成，最好在学前阶段就完成。有的家长认为，先让孩子适应小学阶段的生活，再逐步培养作息习惯，这其实是非常不正确的。因为孩子的坏习惯一旦养成，入学之后便很难继续调整。

其次，良好的作息习惯该如何培养呢？第一，父母应该先以孩子的个体情况为依据，制订一份作息时间表，没有特殊情况不要轻易打乱。第二，根据时间表，调整孩子的生活和生物钟。当然，如果孩子起居本身不规律，刚开始的时候肯定十分艰难，这就需要父母保持耐心与恒心，不要操之过急。第三，让孩子养成早睡早起的好习惯。如果孩子晚上不愿意早睡，可适度减少午休的时间，但是，午休是一定要有的，只是不要太晚、太长便好。第四，即便遭遇特殊情况，像是父母有事、带孩子出游之类的，也要提前有计划、有准备，不要一着急、一玩儿高兴了就忽视了孩子的作息表。为此，爸爸妈妈们可能需要牺牲一些快乐或投入更多精力，不要觉得不值得，因为最后你会发现，你能够得到和给予孩子的，远比你失去的要多得多。

4. 情感发展方面

无论是成人或孩子，6岁孩子都喜欢取悦他们

木木人缘很好，有很多好朋友。

这天，木木和邻居小伙伴在家里玩耍，两个小家伙围坐在一堆积木和玩偶前，商量着玩什么。木木的建议是玩积木、搭塔楼，这是他最喜欢的了。可小伙伴却不同意，说总是搭塔楼没意思，他建议去外面玩"打仗"游戏，还说木木要是不去，他就和别的小朋友去了。

木木生性安静，很少像别的男孩子那样上蹿下跳、"打打杀杀"，妈妈以为他会拒绝小伙伴的建议，但是没想到，木木竟然答应了伙伴的要求，虽然不怎么情愿，但也还是出门去和小伙伴玩"打仗"去了。

回来后，妈妈问他，既然不愿意玩"打仗"，为什么还要和小朋友去呢？他的回答是："我怕他以后不跟我玩了。"

6岁的孩子，对于他人的情感已经能够明确感知，正因如此，他才会为了体恤对方，或为了维持彼此的关系，而想方设法地取悦对方。

6岁孩子的取悦范围非常广泛：有时是自己的玩伴，就像案例中的木木，就是因为担心自己的"独特"惹恼小朋友，而失去一个伙伴，才委曲求全，顺从小朋友的意志去玩别人爱玩的游戏；有时是父母，比如想让妈妈带他去游乐场，会取悦妈妈说"妈妈最喜欢带孩子出去玩了"；有时是老师，老师说不许剩饭，尽管已经吃得特别饱了，但是为了不让老师生气，还是会努力把剩下的饭菜扒进嘴里……

6岁孩子用这种方式去试探他人以及社会对自己的接受度，并由此构建自己的关系网络，这实属正常，无可厚非。但是，父母也要时刻关注孩子的这些行为，因为长期的取悦与献媚，很容易让孩子因为过于重视他人的要求和期待，而压制自己内心的感受。所以，对于这个年龄段的孩子，父母要做的，就是帮孩子找到特长和优点，帮助他们自信和优秀起来。因为，当一个人内心足够强大的时候，是不屑于用取悦的方式去获得朋友和维持关系的。

当孩子看见有人受伤或悲伤时，会表示同情与关心

> 康康家养着一只大金毛。妈妈将这只狗梳洗得干干净净，喂养得臄肥体壮，于是，6岁的康康总管它叫"大狼"，有事儿没事儿就骑到"大狼"身上，欺负这只大金毛。
>
> 这段时间，"大狼"生病了，不怎么吃喝，每天都病怏怏的。康康见状，对"大狼"的态度也有了较大转变，充满了体贴和温柔。每天一放学，康康就急忙去给"大狼"喂食喂水，跟它说话也非常温柔，眼神里充满了爱怜。

同情心是人类高尚的情感，是爱之情感最原始的表现形式。6岁孩子对其他人的感情非常敏感，无论是成人或孩子，只要看到有人受伤或陷入悲伤，他就会自然而然地表达同情与关心。当然，也有些孩子只会接受他人的爱，而不会爱他人。前苏联著名教育实践家和教育理论家瓦·阿·苏霍姆林斯基在观察大量事实后认为，"对于悲欢的敏感和同情只能在童年

时代培养，因为在这个时期，心灵对人的苦难和不幸、烦恼和孤单特别敏感。"所以，父母一定要抓住儿童发展的这个关键期，才能培养出具有良好道德感的孩子。

如何激发孩子的同理心

既然 6 岁是孩子共情心、同理心培养的关键时期，那么，父母究竟该如何增强孩子的同理心呢？

多带孩子观察和学习

绝大多数孩子对动物都有着与生俱来的好感，对这些可爱又弱小群体的保护，非常有利于培养孩子的同理心。鉴于此，节假日的时候，父母可以经常带孩子去动物园，带他们看动物妈妈如何辛苦地抚育自己的孩子，并保护它们免于遭受其他动物侵害的。还可以给他们讲解动物界的食物链、一物降一物的道理。或者，在和孩子一起看电视、看书的时候，对里面有关弱势群体的剧情发表议论，虽然这种时候大多是父母说孩子听，但这种说教，能让孩子印象深刻。

模拟场景，激发感情

同情心是对他人、他物的痛苦或不快产生类似感觉的移情。在儿童的概念里，"哭泣""眼泪""流血"等等行为，就是痛苦的代表。所以，父母在跟孩子讲述什么事情或者给他们讲故事的时候，每当遇到那些可能激发人类同情心的地方，就可以皱起眉头表示沮丧，甚至直接模仿孩子的哭腔或哭相，以激发孩子的同情心。

父母要做好孩子的榜样

当然，作为孩子第一任老师的父母，如果在平时生活中就能时刻以同情、无私和客观的态度对待他人，孩子自然也能够被感染，进而在生活中也会以这样的态度与他人交往。

多强调行为对他人的影响

多强调个人行为对别人产生的影响，这样，在行动开始之前，孩子自然会启动共情能力，换位思考，评估自己可能给他人造成的影响。比如，"因为你不好好睡觉，才害得妈妈上班迟到！"相反地，如果只是一味地说孩子错了，责怪他不睡觉的行为是坏行为，他就很难推己及人地去思考问题，共情能力也就很难被培养起来。

多实践养成

偶尔一次的同情心或同理心表达并不能转化为孩子的稳定品质，稳定品质的形成，是需要在父母的指导下，通过现实的不断实践和锤炼才能够巩固和延续，并形成一种习惯。所以，父母要多带孩子实践爱心，适当参加赈灾捐款等公益活动，而且，最好亲自参与，将钱物捐出去，这种实际行动所带来的内心冲击远比反复说教效果要好得多。

5. 运动方面

空间概念很强，运动能力发展突飞猛进

空间感知觉（简称空间感），是人类对外部物质世界进行基本认知的一项能力，它是物体的空间属性及相互位置关系在人脑中的具体反映。物体的空间属性是物体的固有属性，包括大小、尺寸、形状等，同时，也与距离、方位、路径等位置属性有关。

随着运动能力的发展与成熟，6岁孩子神经系统的发育已接近尾声，因此，他们对于空间关系的判断已十分准确，不仅能很好地控制自己的身体，加上手脚配合度的日益灵活，运动时也比以前更加剧烈，不再像以前那样容易摔跤，甚至还能够沿着一条直线行走，或进行单足跳、跳绳、跳

舞等类似更加精细的活动。

儿童是否具有良好的空间感，对于儿童观察力、视觉的敏锐性和准确性的发展，有着非常大的影响。而且，空间感强的孩子在数学和自然科学的学习中也会更省时省力。所以，在 5～7 岁这个儿童空间感发展的关键期，父母一定要注意提升他们在空间感方面的能力。

一个好的做法，就是进一步发展和巩固孩子的空间概念，引导他们将对空间的理解由概念向具体实践延伸。具体方法是，可以将孩子领入陌生环境，然后选择一个出发点，带领儿童以某个路径到达某个终点，之后，让孩子凭借记忆从终点返回原点。这样的活动既提升了孩子的运动能力，又在很大程度上培养了他们的空间感，一举两得。

手眼协调的发展

最近，朵朵爱上了一项新技能——串珠子，这是老师上课时候教给他们的。于是，爱美的朵朵就让妈妈买来好多各色各样的珠子，一会儿串手镯，一会儿串项链，一会儿又串花环，这个给妈妈，那个给老师，那个给小朋友……

6 岁孩子的手眼协调能力已然成熟，能够通过练习接住飞来的球，也可以在大人的指导下完成系鞋带或串珠子之类的精细活儿，而且也非常乐于不断实践这些自己新学到的技能。

这是 6 岁孩子应达到的正常指标。当然，爸爸妈妈们也应该有意识地通过一些训练，进一步强化孩子手、眼、脑的协调和配合能力。

捏橡皮泥

对于两三岁的孩子，父母可以用捏橡皮泥的方式来帮助他们提升手眼协调能力。进入 6 岁之后，该方法依然有效，但难度必须有所增加了，不应该只是像过去那样让他们随意揉捏，可以要求他们临摹一些形象，比如小马宝莉、小猪佩奇等。

剪纸游戏

6岁儿童已经能够熟练使用剪刀，并可以轻车熟路地将纸剪碎。这时，在进行剪纸游戏时，妈妈就可以购买一些专门的剪纸画本，让孩子玩。不过，要特别提醒的是，为保证安全，孩子在使用剪刀时，父母最好陪在身边，或者购买专门供孩子使用的没有尖头的剪刀，以免孩子在剪纸过程中受伤。

折纸游戏

爸爸妈妈可以经常和孩子玩折纸游戏，刚开始的时候，孩子可能只会拿着纸折来折去，并不一定能够成形。父母不要着急，即便如此，孩子在胡乱折叠的时候也能够极大地提升动手能力。当孩子能够通过自己动手折、画、做，形成有意义的作品时，随着孩子手眼协调能力一起提升的，还有他的观察力与耐心。

可以抽时间和孩子一起做户外运动

古语有云："读万卷书不如行万里路。"户外运动对一个孩子运动能力、知识储备、审美能力等的发展，都有着非常重要的意义。所以，父母与其费时费力强迫孩子读那么多书，倒不如将亲子教育延伸到户外，陪孩子接触自然、和孩子一起在大自然的怀抱中尽情撒欢儿，以最大限度地拓展孩子的视野，提升他们的身体机能。

徒步

在野趣十足的大自然里尽情"撒野"，是充分释放孩子天性的方式之一。一旦孩子融入了大自然，他们才会了解，除了电视、手机、电脑、iPad外，生命中还有那么多有趣且让自己充分放松的方式。当然，如果是带着6岁孩子去进行野外徒步，父母就要特别注意路线的选择，既要足够有趣，又不能太有难度，以免让孩子因为过于疲乏而影响兴趣度。

爬山

爬山是全家老少皆宜的一项户外运动，既可以怡情养性，又能够锻炼身体，而且爬山的过程中，还能够让孩子亲身体验与他人互相搀扶、互帮互助的美好。

户外对战游戏

家长可以找孩子的小伙伴一起，分成两队，进行水枪大战，或者直接把孩子领去真人CS场地，进行CS对战，这样的活动，一定是孩子非常感兴趣的。但是，在玩耍过程中一定要注意，无论是水枪大战还是真人CS对战，一定要在大人的监督下进行。水枪必须是从正规玩具厂家购买，枪面上一定不能有太尖锐的棱角，以免孩子摔倒时戳伤自己或在玩耍过程中不慎伤害其他孩子。同时，父母还要告诉孩子，进行此类游戏前，一定要先征得对方的同意，否则，游戏便成了恶作剧。

放风筝

放风筝的过程中，需要手、腕、肘、臂、腰、腿等各个部位的密切配合，是一项能充分调动全身机能的运动，对孩子身体各部位的锻炼与协调配合都大有裨益。父母在和孩子进行这项活动时，为增强趣味性，可以将风筝做成孩子喜欢的动物或卡通形状，颜色也要特别鲜亮，同时还要注意，风筝的体积要小，重量要轻，以保证孩子能够自娱自乐。

6. 生活方面

6岁孩子基本上能够生活自理

"妈妈，不要你给我收拾书包，我要自己来！"

"爸爸，我能不能自己洗澡？"

6岁孩子，对于很多事情都想"自己来"，想自己穿衣、吃饭、收拾物品，有时甚至还想"插手"大人的事，管理父母的生活。

实际上，6岁孩子在生活上基本已经能够实现自理。他们会自己系鞋带、能够按照类别整理好自己的物品、会根据冷暖自己增减衣物……6岁儿童不光具备基本的自理能力，他们对于"自己的事情自己做"也具有出奇的热情，一有机会，就想"大显身手"，不管自己所要应对的事情是否在自己的能力范围之内。

这个阶段的父母，大可利用孩子对生活自理充满热情的这股劲头，培养他们自己收拾东西、自己管理自己的习惯。可以多鼓励幼儿去做他们力所能及的事，及时肯定他们的尝试与努力，不要因为他做得不好就横加指责，甚至包办代替。同时，父母也要多指导幼儿学习自己的事情自己做，比如，怎么洗脸、洗袜子、自己收拾床铺等。此外，父母还可以为孩子自理能力的培养尽可能多地创造条件。比如，为孩子购置衣物、鞋帽时，挑选那些简单实用的，以便孩子自己穿脱。或者，购买一些纸箱、收纳盒，供孩子收拾和存放自己的玩具、图书和生活用品。

当然，6岁孩子的性情还不是很稳定，可能，刚开始的时候他们非常喜欢自己洗袜子、收拾衣柜，可等新鲜劲儿过了之后，他们就又会像原来一样，留下一地的杂乱等父母整理。这个时候，就需要父母多加提醒，增强他们的责任感和自信心，帮助他们坚持下去。

能在家中及学校承担一些力所能及的任务

现在，越来越多的父母都不再将孩子当成温室里的花朵，生怕遭遇一点点风雨。而是，开始重视儿童自理能力的培养，而且会要求孩子学做一些力所能及的家务，因为父母知道，这是孩子未来立足于社会所必需的技能。

但是，如果父母希望孩子能够分担一些家务并且在做家务过程中收获更多，光有重视是不够的，还需要掌握一些技巧。

培养孩子的家庭责任感

不要为了让孩子去干家务，就诱惑或逼迫，甚至不惜采取"付钱"的形式。不能让孩子产生"我受雇于你""我是在给你干家务"的意识，而要着重培养孩子"我是家庭的一员，我有义务去做这些事情"的观念和意识。

培养儿童自主解决问题的能力

想要儿童拥有某些方面的能力，首先，就要为他提供培养这种能力的机会，做家务也是如此。孩子在做家务的过程中，肯定会遇到各种各样的问题，有些艰难，有些细碎，但是，不管过程多么艰难，父母都不要过多地插手，而应让孩子在做家务的过程中养成自主思考并解决问题的习惯。

主动让孩子陪自己干家务

有些时候，父母在干家务时，孩子特别喜欢黏在一边，父母不要觉得厌烦，这恰恰是引导孩子学习做家务的大好机会。告诉他，如果想和你待在一起，就必须给你帮忙，大多孩子都会为了能待在父母身边而答应做家务的要求。

发现孩子的兴趣点

妈妈做饭的时候，孩子在一边守着看；爸爸修理电脑的时候，孩子趴在旁边东问西问……此时的观察和询问，表明了孩子对父母此时正在从事的活动很感兴趣。这个时候，爸爸妈妈不妨抓住机会，让他加入到自己正在进行的事情中。当然，混乱在所难免，但父母要有足够的耐心去包容。

生活技能提高：抓住机会，教孩子一些生活常识

有一次，毛毛的妈妈带着儿子去银行。坐着等叫号的时候，妈妈闲来无事，就给毛毛讲了一遍取款的流程。

没想到有一天，毛毛跟爸爸吵着要买玩具的时候，当爸爸用"没钱"试图搪塞儿子时，6 岁的毛毛说出了这样的话语：

"没钱了就去银行取呀！"

"怎么取啊，银行又不是咱们家的，没钱了就能去拿！"爸

爸以为儿子不懂，就故意逗弄他。

"用卡啊，就每个月单位给你发工资的那个。你拿着它到银行的那个小房子里（他还不会说自动取款机），就能取出钱了，对不对？"爸爸顿时被儿子的话惊呆了。

过马路时"红灯停，绿灯行"；遇到火灾不要大声哭喊或呼救，而是应该先用浸湿的纺织品捂住口鼻以免灼伤气管，再寻机求救或逃出；遭遇地震时不要乱跑，而是要在坚固的桌子下面躲避；摔碎玻璃制品要赶紧用笤帚扫干净，而且在短期之内最好不要光脚行走……在日常的吃穿住行中，无论从安全、健康还是便捷方面，6 岁孩子其实已经有太多必须要掌握的常识了，父母必须抓住机会向他们传授更多知识。具体可分为以下几类：

关于自我保护的知识

父母要在生活中教 6 岁孩子掌握最基本的安全常识，比如，遇到危险时怎么拨打 110、120 或 119 求救；自己一个人在外面玩的时候怎么保证安全、如何防拐；乘坐汽车、火车、飞机时，有哪些注意事项等等。这些知识是父母必须教给孩子，并要求他们务必掌握的，只有他们理解和掌握了这些，才能知道在遭遇危险时如何保护自己。

关于生活资源的知识

一些生活资源类常识，可以使孩子免去很多不必要的麻烦。比如，父母的姓名、电话号码、家庭住址，这是父母首先必须要求孩子记住的。而且要告诉孩子，这些是在不小心走丢之后才能够跟别人说的，不能随时随刻挂在嘴边，更不能和陌生人说。

与维持正常社会关系有关的知识

比如，在公共场合，不随地吐痰、保持肃静；与人交往时，见面要主动打招呼、不随便在背后议论别人；尊老爱幼、帮助弱小，这是一个社会人应尽的义务，也是做一个公民所必需的知识。

在我们的家庭教育中，父母最好能引导孩子将上述常识尽数掌握，如果实现不了，也应当根据主次进行有计划的学习。

第三章

与6岁孩子的相处之道：用得体的方式，
给孩子更好的爱

我们给父母的爱贴上了太多的标签，柔软、无私、一切为了孩子……但实际上，这只是来自大人世界的观点，父母的爱不该笼统和一厢情愿，而是应该关照孩子的心灵，以充分尊重和了解孩子为出发点。

1. 6岁孩子眼里的好妈妈是什么样子的

用适合孩子的方式去爱孩子

爱孩子，是所有母亲的本能，如何正确地爱孩子，让来自妈妈的爱与孩子的心灵相契合，是所有为人母者需要花一辈子时间去学习的一个艰深课题。我们给妈妈的爱贴上了太多的标签，柔软、无私、一切只为了孩子，但实际上，这只是来自大人世界的观点。妈妈的爱不该一厢情愿，而是应该关照孩子的心灵，以充分尊重和了解孩子为出发点。

人们都说母爱是这世界上最无私的爱，但很多孩子却恰是被这无私所害。你的默默付出，不求回报，一不小心，就可能成为孩子自私自利的温床。没有母亲希望自己的孩子是个"白眼狼"，所以，尽早地从以孩子为中心、孩子要星星就不敢给月亮的泥淖中拔出脚来，让孩子明白，母亲也是和他一样的普通人，并要求孩子给予力所能及的关心与回报。

妈妈的爱，必须是有限度的。在很多家庭中，妈妈在孩子心目中的角色就是"保姆""后勤部长"，不仅要照料孩子吃穿住行的所有方面，还要负责处理孩子的学业、社交、思想发展等一系列问题。可是，纸上得来终觉浅，一个脱离了生活实际的人，只是一个寄居在安乐窝中的小鸟，稍微遭受风雨，羽翼就可能被折断。这个时候，就需要父母懂得距离和限度的意义了，父母要适当地与孩子保持距离，这样，既有助于维持亲子间的良好关系，也有利于孩子的健康成长。

妈妈的爱，必须是有担当的。"我做这些就是因为爱你！"很多时候，这句话成了妈妈们的口头禅，也成了她们犯错时的挡箭牌。做母亲的确实不容易，但不能否认的是，很多时候的"为孩子着想"，实际是自己内心深处的私心和虚荣。所以，作为新一代的妈妈，必须要敢于负责、敢于承担错误，尊重孩子的权利，让孩子自己做出选择，不打着母爱的旗号强迫孩子实现自己的理想。

妈妈的爱，必须是有表达的爱。中国人生来含蓄，即便是为人母者，也总是习惯于婉转地表达对孩子的情感，甚至有时候表达出来的意思还是相反的。如果孩子长期处于这种氛围中，就难免像没头苍蝇一样，时而自卑，时而又因为父母的一句肯定欣喜若狂。别再这样了，妈妈们！向孩子说出你心中的爱意，用言语和行动去支持孩子，这样，孩子才能被我们的信任所包围，然后勇敢地走向前方。

给孩子高质量的陪伴

蒙台梭利认为，使幼儿身心协调发展的活动就是"工作"，她所说的工作，就是让孩子在有陪伴的情况下，以引导孩子进入工作状态为导向的、主动的、互动的、全身心投入的陪伴。

蒙台梭利要求妈妈对孩子的陪伴必须是高质量的。何为高质量的陪伴呢？必须要具备以下几个要素。

1. 前提是孩子有陪伴需求。当孩子自己玩得很好，不需要陪伴时，妈妈的陪伴就可能会破坏孩子的现有状态。

2. 必须是全身心投入。如和孩子进行亲子互动游戏时，全身心投入到游戏的角色中。

3. 如果是孩子在进行自己的活动时要求陪伴，那就要以主动姿态和孩子进行互动，并引导孩子进入到独立"工作"状态。

当然，现代妈妈难免会遭遇到生活和工作难以两全的状况，所以，妈妈们还需要学会利用自己的碎片化时间，以给予孩子高质量的陪伴。

重视上学和放学的时间

不要小看上下学和孩子独处的那十几分钟时间，如果充分利用，会是一次非常愉悦的亲子体验。比如，可以和孩子聊聊你的工作状态，再问问他的同学和老师的趣事；也可以品评一路的风景，或为周末活动进行安排等等。

准备晚餐和晚饭后的时间

晚饭前的餐具摆放、晚饭后的收拾整理，叫着孩子一起来帮忙，相信会有非常美好的体验；天气好的时候带着孩子一起去散散步，习惯去健身房的妈妈也可以带着孩子一起去健身房操练起来，既锻炼了孩子的身体，也培养出了很多共同话题。

洗脸刷牙、清洗衣物的时间

与其呵斥小淘气别乱动、别把水弄洒了，倒不如让他洗脸刷牙的同时，帮着给你洗洗脸，或者，让他跟你一起洗衣服，泡一泡、搓一搓，让他知道清理衣物原来这么费时费力。同时，让孩子参与你的活动也能避免洗脸刷牙、清洗衣物成为一场玩水游戏。

一起处理家庭事务的时间

一个家庭里总有许多琐碎的事情要处理，比如交水电煤气费、去银行取钱、去超市购物等等，妈妈可以领着孩子一起，虽然很可能将原本5分钟就能搞定的事情拖长到半小时，但这也恰恰是妈妈传授生活常识，并与孩子展开交流的好时机。

一起学习的时间

6岁孩子的学习可能仅仅是看会儿画报、观察会儿小动物，或者讲个小故事、背首诗这么简单，大人在这个过程中其实并不需要做什么，只需要全身心地陪伴他，不要只顾看电视或自己玩手机。

邀请孩子的小伙伴来家里开派对

新年夜，朱蒂的妈妈把女儿的小伙伴以及小伙伴的父母邀请

到家里，为他们准备了一个梦幻的跨年派对。

朱蒂和她的小伙伴们都喜欢迪士尼的动画人物，于是，朱蒂妈妈就将这个派对的主题定为"迪士尼之夜"。妈妈从网上购买了很多与迪士尼有关的饰物，把家里布置一新，还提前给小伙伴的父母们送去邀请卡，以便大家尽早准备衣服道具。那个晚上，无论是孩子还是孩子父母，都过得快乐极了。

支持和鼓励孩子邀请小朋友来家做客，是让孩子学习礼仪和培养各方面能力的绝佳方式。当然，为了省去很多"善后"的麻烦，家长与孩子是需要进行事先约定的。

小朋友们来家里之后，妈妈可以告诉孩子："你是小主人，妈妈今天不会妨碍你们，你们可以尽情地玩儿，但是你一定要照顾好小朋友并保证他们的安全。"这种做法，不仅可以帮孩子时刻树立保证安全的思想，同时，也可以培养孩子的自信和责任感。

在孩子们玩耍的时候，只要没有安全问题，父母就可以大胆放手、放心远离，只要保证他们有足够的吃的和玩的就可以了。

对于派对结束之后的"战场"，妈妈可以在举办活动之前就跟小朋友们约定，临走时一定要把东西归于原位。如果小朋友们没有收拾就走了，那就督促孩子一起收拾，让他为自己的承诺负责。

当然，活动结束后的总结是必不可少的。妈妈可以和孩子分享派对过程中的趣事或不快，可以品评"小主人"当天的表现，这样，可以及时发现和纠正孩子身上存在的问题，提高他的社交能力和各方面的综合能力。

带孩子做喜欢做的事情

6岁小朋友喜欢做的事情非常多。剪剪贴贴、涂涂画画、玩水和泥、奔跑跳跃，哪怕是一辆骑了很久的三轮车，也可能成为他们的心爱之物。

但是，如果孩子在进行这些活动的时候，有他们的妈妈参与，乐趣肯定会翻倍哦。

孩子喜欢玩水、玩泥巴，夏天的时候，不妨在院子里种一些瓜果蔬菜，和孩子一起照顾它们。

孩子爱玩"警察抓小偷""藏猫猫"的游戏，你就可以变身"小偷"或"盲人"陪他一起玩，或者干脆成为他的"粉丝"，让他给你表演，或者让他教你一起玩儿。

孩子爱动物，那么，就不妨和他一起养只乖巧的猫咪或憨直的小狗。相信在与小动物的相处过程中，他们的爱心、责任心、自理能力，都会有极大程度的提升。而且，一旦宠物成为家庭活动的中心，大家一起遛狗、喂食、玩耍，也会让亲子关系更加紧密。

2. 6岁孩子眼里的好爸爸是什么样子的

即使再忙，爸爸也要参与到家庭中来

曾经，有这样一则新闻，引起了社会的普遍反思——

一个湖南的6岁男孩，通过一则《征父启示》，表达了他对父爱的渴求。他说："我想有个爸爸，我想和其他的小朋友一样，星期天有爸爸妈妈陪着一起去公园！""我的爸爸能像别人家的爸爸一样，帮妈妈的忙，对妈妈好，对我好……"

实际上，这个6岁男孩并不是没有爸爸，只是他的爸爸常年

出差在外，只剩他和妈妈在家里生活。于是，一个现代家庭分工细化导致的新问题——父爱缺失，便由这样一种心酸的方式映入大众眼帘。

有调查表明，现代家庭中，60% 的母亲是家庭教育中独当一面的一方，而父亲起主导作用的不超过 15%，由父母共同承担教育责任的只占受调查家庭的三分之一。可见，父亲在家庭教育中的缺失，是一个非常普遍的社会问题。

然而，父亲作为一个家庭中主要力量的存在，其雄壮、威武、勇敢、进取、独立、果敢的个性品质是无法取代的。而且相比母亲，父亲在家庭教育中更具有计划性和目的性，所具备的知识面也更为宽广。这些都会潜移默化地影响孩子的性别角色定位、性格形成、智力发展等，同时，还会对孩子的秩序感和准则感的建立有所帮助，从而激发孩子形成正确的世界观、人生观和价值观。

由此可见，父亲在家庭生活和儿童教育方面的地位是非常重要的，且无法为他人所替代。所以，即便父亲再忙，也要努力参与到家庭生活中来，这不仅是孩子的希望，更是他们健康成长的必需。

设身处地：如果你是爸爸，你会怎么做

儿童教育专家经过多年调查研究，做出过这样一个论断，那就是一个好父亲，胜过一百个好老师。可见，父亲在家庭教育中的地位和作用不可或缺。然而，如何扮演好这个角色，则需要每一位父亲去思考和学习。

通常情况下，父亲在孩子眼中的形象总是威严的，父亲让孩子服软的手段，也很容易以打、骂、利益诱惑、武力逼迫、条件相挟为基础。所以，父亲们在抱怨孩子难管、不听话时，有没有反思一下，自己是站在什么位置上或者是用什么眼光和语气去和孩子对话的？

　　"爸爸，我想和你说个事，你和我说话的时候，经常是从跟我商量开始，最后就变成命令了。"当6岁的儿子义正词严地如此"指责"爸爸时，这位爸爸内心的惊愕可想而知。

　　父亲与孩子之间的关系应该是亲密的、平等的，而且，这种亲密和平等，是必须建立在彼此尊重、接纳和充分信任的基础之上的。因此，父亲必须学会转变角色，不要总是命令孩子遵从自己，而是要亲近和包容，多换位思考，多替孩子着想。

　　可是，如果父亲遇到不知道孩子所思所想为何的情况时该怎么办？这个时候，父亲就可以问问孩子："如果你是爸爸，我是你，你会怎么办？"这个时候，孩子能够给出的答案，往往就是他最为需要的。

　　一个6岁的男孩特别讨厌吃胶囊，即便被妈妈逼迫着将胶囊含在嘴里，也还是不愿下咽，直到胶囊融化、满嘴苦涩、泪水连连。这时，爸爸却和颜悦色地问儿子："如果你是爸爸，你的孩子不愿意吃胶囊，你会怎么办？"

　　"那我就不给他吃胶囊。"儿子袒露了自己的内心。

　　"可如果只有带胶囊的药才能治病怎么办？不愿意吃胶囊就得病着，不能上学，没办法出去玩。"

　　"那……吃完后赶快给他吃块蛋糕，你看行不行？"男孩思索良久，给出了答案。

　　"当然可以！那好了，你勇敢地把胶囊咽下去，然后咱们去吃块蛋糕，行不行？"儿子深吸了口气，像是鼓足很大勇气一样，自己把胶囊放进了嘴里，吞了下去。

　　看，万事都有最终的解决方式，有些方式是大人自以为正确的，而孩子却不以为然，所以难以实施。可一旦这种方式是孩子自己喜欢和愿意接纳的，一切问题也就迎刃而解了。

说话算话，答应孩子的事情要做到

这天早上，可乐耷拉着脑袋走进教室，见了老师也不打招呼，只是闷闷不乐地走向了座位。

老师注意到了可乐的这一反常举动，好奇这个平日里活泼开朗的孩子究竟是怎么了，于是，赶紧放下手中的记录本，走到可乐面前，询问他："可乐，怎么了，谁惹你不高兴了？"

"你们大人就知道骗小孩子，说话从来不算话！"可乐满脸怒气。

老师安抚了好久，才弄清事情的原委。原来，可乐的爸爸昨晚许诺，只要儿子不拖拉，9 点按时上床睡觉，今天早上就送他来学校。可是，等可乐起床的时候，爸爸早就上班去了，这让可乐非常生气。

在发觉了事态的严重性之后，老师于是给可乐的爸爸打电话沟通了这个事情。平日里工作繁忙的爸爸完全没有意识到，自己的一句无心之语，竟然会给儿子造成这么大的伤害，他本以为儿子今早起床后就已经忘记昨天的事情了，没想到却为此耿耿于怀。最后，爸爸和老师商量好，今天下午，一定早早地来学校接孩子。

日常生活中，很多父亲都会像可乐爸爸这样，为了让孩子听话，或者为了调动孩子的积极性，而轻易给孩子许诺，可转身之后却没当回事儿，不去践行。殊不知，这样的做法对孩子身心的健康发展是非常不利的。

首先，这种做法非常不利于孩子品德的培养。中国人讲究"大丈夫一言既出，驷马难追"，爸爸作为家里唯一的"大丈夫"，经常不践行自己的诺言，孩子就会有样学样，久而久之，也自然会变成一个不负责任的孩子。

除此之外，这种做法还会极大降低家长在孩子心中的威信。父亲对孩子说话不算话，说白了其实就是在对孩子说谎。那么，一个整日里满口

"谎言"的爸爸，在孩子心目中的形象和威信都会大打折扣。

对于6岁的孩子而言，激励一开始能吸引他们的关注，但一旦他们发现爸爸的激励只是停留在口头，而从来不去兑现时，那么，他们被这种凭空许诺调动起来的积极性就会消失殆尽。

因此，在家庭生活中，父母要慎重许诺，特别是被孩子当作权威的爸爸，更要格外注意，不要用空头支票糊弄孩子。不要轻易对孩子许诺，如果对孩子许了诺，就一定要兑现，哪怕遭遇困难，也要想尽办法去克服。

带孩子一起去冒险

童年之所以让人难以忘怀，不仅因为童年充满了无忧无虑的快乐，还因为童年的一切在孩子的眼里和长大之后的记忆里都是新奇和刺激的。这种记忆会伴随一个人一生，成为他们成长过程中战胜困难的力量。

然而，现在的孩子，却因为父母的过度呵护，使得童年生活失去了本该有的惊险与刺激。他们远离大自然、远离小伙伴，天天与书本、电子产品生活在一起，而且，也只能通过这样的媒介，去艳羡跟自己生活相距很远的绚烂世界。在这种环境下成长起来的孩子，不仅难以具备勇敢精神，甚至连起码的自理能力都无法具备，与生俱来的好奇心，也会在日复一日的平淡中消失殆尽。

实际上，在当今这个充满机遇与挑战的社会中，要想把握机会，迎接挑战，必须远离胆小、懦弱等不良心理。所以，爸爸们，带孩子去探险吧！带领他们走出房间，走向户外，去看、去听、去触摸，甚至一起进入到孩子的想象空间，变得疯狂起来，这样，不仅能与孩子建立亲密和谐的关系，还有利于增强孩子的胆识，培养孩子的积极性和创造性。

比如，爸爸可以带孩子去坐过山车，去海边堆城堡、垒基地，挖得满身是沙，即便"作品"最终都塌了也无所谓，索性躺入沙坑，享受暖暖的沙浴吧！

3. 父母间的"不和谐"影响孩子的安全感

夫妻间的矛盾尽量避开孩子

糖糖每过一段时间，就会在夜里突然惊醒，然后哼哼唧唧，要哄好一会儿才肯继续睡觉，这可不是 6 岁儿童该有的表现。妈妈经过仔细观察发现，只要她和糖糖爸爸发生争吵，在那前后的几天时间里，女儿总会出现这种情况。可是，夫妻间每天要面对许多柴米油盐的大小事，不可能永远没有矛盾。糖糖妈妈很困惑：到底要怎么办呢？

很少有夫妻能做到一辈子不争吵，争吵也不都是家庭不幸福的表现。但是，孩子是天生的观察者，也是糟糕的解读者，对他们而言，只要爸爸妈妈之间发生争吵，对他们来说就是一场灾难！如果再遇上情绪控制能力本身就很差的父母，争吵得厉害时难免会给对方造成伤害，甚至迁怒于孩子。比如有的父母吵架时甚至对孩子说出"要不是为了你，我们早就离婚了"之类的话，这更会让孩子觉得自己是父母争吵的罪魁祸首，从而产生自责和愧疚心理，开始走向自我否定，甚至变得自卑。因此，建议夫妻吵架的时候，一定要尽量避开自己的孩子。

父母如何做到这点呢？

其实很简单。在日常生活中，夫妻双方要达成这样的共识——千万不能当着孩子的面吵架，一旦夫妻双方发现彼此意见不一致，要探讨的问题可能引起争论时，就应该及时停止话题，待孩子不在跟前时再继续探讨。

当然，在我们的生活中，计划往往赶不上变化，如果夫妻双方因为一时没有控制好情绪当着孩子的面吵架了，待平静之后，一方面要尽快与另一半修复感情；另一方面，也要赶紧跟孩子解释清楚："爸爸妈妈只是意见不一致发生了争论，没控制住情绪。""爸爸妈妈现在已经和好了，就像你和朋友有时会吵架，再和好一样！"这样，孩子就会了解，人与人之间，即便是非常相爱的夫妻，想法也不可能始终保持一致，冲突与矛盾是难免的，只要妥善处理，并不会有什么本质影响。更为重要的是，要让孩子知道，你们的争吵，并不是他的错。

父母对养育孩子的事情有分歧，一定要和平解决

爸爸下班回家后，看到 6 岁的女儿又坐在小桌前一笔一划地写字，不禁大动肝火，冲着妻子喊道："你怎么又让固固写字！孩子今天在学校都累一天了，你就不能让她歇一会儿！"

"孩子必须不断重复才能加深印象，你每天这不行那不让的，这么惯孩子，以后能有什么出息！"妻子不甘示弱。在孩子的教育问题上，这对温文尔雅的夫妻总是会有分歧，没说两句，两人便又像以往那样吵了起来。

父母在教育问题上有分歧，对孩子的性格形成和情绪发展有很大影响。比如，爸爸要向左，妈妈偏向右，出于自我保护的心理，孩子会自觉选择对自己有利的那一方，久而久之，就可能使孩子在爸爸面前一个样，在妈妈面前另一个样，造成孩子的双重人格。同时，当父母因为孩子的教育问题彼此否定，甚至直接当着孩子的面争吵时，孩子就会对父母产生怀疑，从而降低对父母的信任，影响教育效果。另外，父母对孩子的教育有分歧，不利于孩子自我控制能力以及良好心态的培养。在孩子的某个行为之后，只有父母一致肯定或否定，他才能在固定是非观的影响下管理自己的行为。可是，如果父母意见不一致，一方说对一方说错，孩子就搞不清自己究竟该怎样做，更谈不上有意识地改正自己的行为，加之他生怕因为自己的某个行为导致爸妈吵架，所以长期心理紧张，甚至会影响身心的健康发展。

诚然，夫妻双方在孩子教育问题上意见不一致，在我们的生活中并不

鲜见。因为一个人的教育理念，不仅与自身的性格有关，在很大程度上也是对成长环境和自己父母教育理念的继承。比如，小时候母亲对自己温和，自己当了父母后，就会对孩子相对民主；小时候父亲严厉，为人父母后就很容易不自觉地给孩子设立诸多条框。因此，当配偶跟自己意见不一致时，另一方不要简单粗暴地将一切认定为"故意作对"或"性格怪异"，而要去考虑并理解对方的成长环境和原生家庭的影响，并在夫妻间实施一些有效的相处策略。

比如，在孩子在场的时候通过争论做出一致的决定，其实在孩子面前争论并没有坏处，只要争论最后有结果而不是以互相伤害告终，这就需要父母在争论时必须保持冷静，用事实说话而不要感情用事；容许彼此在小事上有分歧，一个人不可能控制所有情况，所以必须接受以下事实——配偶做决定时有可能不会按照自己的想象发展；不要在孩子面前相互拆台，对于涉及孩子的安全、健康等方面的事务，夫妻双方必须达成一致，但对于其他的小事，就可以机动灵活掌握，有问题私下讨论。

在孩子面前，尽量给对方正面的评价

有一位妈妈，她和丈夫的感情不是太好，于是，愤懑之时，就会把自己的不满讲给女儿听。

"你爸爸真是的，出差好几天也不知道给我们打个电话，都不管我们娘俩的死活！"

"你爸爸又跟我吵架了，他怎么就不知道心疼心疼人呢，你以后长大了，找老公千万要擦亮眼！"

"……"

几岁的小孩虽然听不太懂大人的这些"唠叨"，但是，毕竟平时是妈妈照顾自己更多，听多了自己最亲的人的抱怨，渐渐地，便在感情上对爸爸疏远起来。

女孩长大后，恋爱、结婚，有了自己的家庭，会经历和自己母亲一样的"柴米油盐",此时,妈妈曾经对另一半的那些挑剔,便经常性地跳进她的脑子里。丈夫不愿意刷碗——"这么懒的男人,怎么能撑得起一个家!"丈夫应酬晚归,没有跟她及时报备——"一个男人,毫无家庭责任感!"丈夫醉酒——"说好的不喝酒,又喝成这样,品行有问题……"其实,女孩的丈夫和任何一个普通男人一样,优点很多小毛病却也不少,可是,母亲对父亲的那些怨恨,改变了男人在女孩心目中的形象,任何芝麻小事,在她心里都像天塌了一般严重,于是,夫妻间的感情便也慢慢疏离起来。

孩子对父母的偏见,会影响孩子今后的择偶观和婚姻观,这种偏见的直接来源,就是夫妻一方在孩子面前对另一半的评价。很多人,就是因为带着父亲或母亲对于另一方长久以来的抱怨,而对母亲或者父亲有了偏见,更严重者,就会像案例中的女孩一样,对异性甚至婚姻产生偏见,变得诸般苛刻。

孩子怎么看待父母,那是孩子自己的事情,用不着别人指手画脚,即便是自己的家人。况且,孩子不是父母的情绪垃圾桶,你的情绪自己消化。如果孩子本身跟爸爸在一起时是非常高兴快乐的,而你却总是在他耳边说"你爸爸是个没责任心的人"之类的话,孩子该如何去理解他的感受和你的评价之间的不一致呢?

感情再好的夫妻,也会对另一半有不满的情绪,但是,这些情绪都应尽量避开孩子,和另一半当面说清楚,要怎么改、怎么修复,也是夫妻间的事情,没有必要把孩子牵扯进来。即便夫妻俩因为种种问题已经分开,也不要在孩子面前说对方的不是,说多了,就等同于告诉孩子,是对方把原本幸福的家庭拆散的。但是,任何家庭的离散,都不可能是一个人的错,家的温馨和温暖是两个人共同努力的结果,这一点,是孩子必须要知道和坚信的。

4. 和6岁孩子的沟通技巧

技巧1：不要大吼大叫

"我跟你说多少遍了，你到底听没听见啊！"

"你到底想干吗！"

"赶紧给我过来！"

......

爸爸妈妈们白天在单位有忙不完的工作，回到家后也有操不完的心，因为即便是平日里可爱得像小天使一样的宝贝，也可能在任何一个你疲乏到顶点的时刻，突然变身小怪兽——不要吃饭、不想睡觉、不肯刷牙、倒地打滚要买玩具、不给吃零食就哭个没完、不让晚睡就哭闹到把天花板掀起来……此时，哪怕再儒雅、再有耐心的父母，想必也无法淡定。

可是大吼大叫虽然只是你一时的情绪发泄，但带给孩子的影响却可能是终身的。

父母如果经常对孩子大喊大叫，会对孩子产生以下影响：

1. 导致孩子缺乏安全感，性格懦弱。孩子无法明确区分父母究竟是一时的情绪化还是确实不爱自己。所以，当父母因为控制不住情绪冲他们喊叫时，他们的第一反应就是父母不爱自己了、讨厌自己了，久而久之，便会丧失安全感，甚至变得缺乏自信心。

2. 做事优柔寡断。自己究竟做了什么而让爸妈河东狮吼？现在进行的这个行为是不是会让爸妈暴跳如雷？当孩子被这些想法禁锢时，做事必然会瞻前顾后，缺乏决断力。

3. 情绪化严重，动不动就发脾气。正所谓有什么样的父母，就有什么样的孩子。如果父母脾气火爆，动不动就大呼小叫，那么，就别指望孩子能温文尔雅、遇事沉稳，这是父母对孩子潜移默化的影响。

4. 孩子顺从乖巧，总是委屈自己，讨好别人。父母的怒吼，在孩子看来与天塌无异，所以，为了避免这种令人崩溃的狂风暴雨，孩子只能压抑自己的天性与需求，一味地去顺从和讨好别人，这样，才能不至于让自己在情绪的风暴中漂泊无依。

看到了吧，你的一时愤怒，对6岁孩子来说并不只是一声怒吼，其影响可能深入心灵、嵌入骨髓，甚至伴随孩子的一生。所以，父母不论有多少情绪，在感觉到要爆发之前，不妨深吸两口气，强迫自己慢慢平静下来，然后，再将积压在心底的对错用平和的语气和情绪表达出来。父母要始终牢记，你是父母，你是孩子的天，你的一言一行，都是指导他们人生的镜子！

技巧2：把"不要做"变成"要做"

"不要玩了，赶紧睡觉！"

"不要闹脾气，你已经长大了！"

"不要那么近看电视，对眼睛不好！"

"大人说话小孩不要插嘴，不礼貌！"

……

"不要""不能""不应该"……当我们试图以这种直白的方式将所谓的正确理念灌输到孩子的头脑中时，结果却常常不尽如人意。你三令五申，他却左耳朵进右耳朵出；你严厉纠正，他却不断再犯；你苦口婆心，他却又是甩手又是跺脚地发起了脾气。你说他不听话，脾气不好，为他的未来深深担忧，却不知孩子的不爱听，很大程度上缘于你的不会说。

其实，对孩子过多使用诸如"不要""不能"等命令性和批评性话语，会对孩子造成长久的伤害。首先，这样的说话方式会扼杀孩子的创造力。6岁的孩子，创造力正像幼苗一样蓄势待发，所以，父母不由分说的命令，对他们而言无疑是高压，久而久之，孩子自然不想跟父母表达意见，甚至，他们都懒得去捕捉自己思维上的灵光一现，因为说出来也无疑是在找骂。其次，这样的说话方式会打击孩子的自信，试想，如果我们在每天的工作中被上级不停喊"不行""不准""不要"，长久地被操纵和被否定的感觉，肯定会磨灭一个人的自我，使其变得自暴自弃。

所以，在家庭生活中，对于孩子的行为，父母不要非黑即白，而是要给予充分的耐心和尊重，既要看到他们成长中的不足，同时也要赏识他们为成长所付出的努力，要将满是命令和谴责的"你不要"，改变为充满肯定和鼓励的"你可以"。

比如，比较"不要爬上台阶，太危险"和"你只能在平地玩，高处太危险"，"不要说谎话"和"你要诚实"，"不要打扰我，我在工作"和"你需要自己玩会儿，我在工作"，显然，同样的意思，前者从语气和感情上明显充满了呵斥、命令和不满意味，而后者则是理性、平和、充满善意与爱意的商量和教导。我们反复强调，孩子的心思是极其敏感的，当你给予他足够的尊重与认可，他们必然也会信服和追随你，因此，父母的那些教导和建议，他们就会听，也爱听。

技巧 3：合理地拒绝孩子

情境 1

外出就餐，孩子吃饱了饭，要求"去外边玩儿"。爸爸觉得人来人往让孩子一个人去外面不安全，便安抚他说吃完就走，可孩子不仅不同意，还哭闹了起来。最后爸爸只得妥协，放下碗筷带孩子去外面玩了会儿。

情境 2

一家人正要准备去游乐场，却临时来了客人。孩子可不管这么多，一个劲儿催父母出门，让他稍微等会儿，他就倒地撒泼，让所有人都很尴尬。父母气极，打了他一顿。

上面的这两个场景，想必父母都不陌生。丰富的物质生活，加上父母的溺爱，让我们的孩子越来越不愿意、也不能够控制自己的欲望，成了家中的"小霸王"，要风得风，要雨得雨，稍有不顺意，轻则噘嘴不高兴，重则撒泼打滚，不达目的誓不罢休。这便给我们这些为人父母者，制造了又一种挑战，那就是如何以科学、合理、充满爱意，且不伤害孩子的方式，拒绝他们的不合理要求。

做事之前先定规矩

"无规矩不成方圆。"父母了解了孩子的性格和行为习惯之后，便可以未雨绸缪，提前订立规矩，以规范孩子的行为。比如吃饭、睡觉、游戏等，一定要对时间进行限制。当然，为让孩子受到尊重，并激励他自觉遵守规则，规则的详细内容可由父母和孩子一起协商进行。

不畏惧孩子的哭闹

有些父母就怕孩子哭，孩子一哭，大人就心疼，然后妥协，无条件答应所有要求。殊不知，父母的软肋，恰恰被孩子当成了"利剑"。一旦成功过一次后，他们就会频繁用哭闹来"要挟"父母，达成心愿。

平静地拒绝孩子

当孩子提出过分要求时，大人的态度一定要平静。

不愤怒，不暴躁。你的任何情绪变化都会被孩子看在眼里，父母不高兴了，也许正中孩子下怀，以后，当他们内心不满时，很可能继续用这种方式激怒父母，以达到心理平衡。

不谄媚，不妥协。你的宽容，会让他们低估事情的严重性，扯皮推诿、讨价还价，也许就会接踵而至。

拒绝也要有理有据

在孩子提出不合理要求时，有些父母为了省事会随口编造谎言来骗孩子。比如，他想喝可乐，父母说，那是中药，苦。可是，你有没有想过，一旦孩子尝过了可乐的甘甜，自然会对父母产生怀疑，这不仅不利于父母威信的树立，还会对原本和谐稳定的亲子关系造成影响。所以，在拒绝孩子时，父母不妨费些口舌，将真实原因告诉孩子，他们能听懂，也会理解。

"可乐太甜了，对牙齿不好，小孩子不能喝，等你长大才可以。"

技巧 4：给孩子提供选择的机会

在父母和孩子意见不统一时，是否能给予孩子自主权是非常重要的。

大家可以对比这样两组说话方式。

"快去洗脸！""快换睡衣！"与"你是先洗脸还是先换睡衣？"

"快把玩具收到盒子里！"与"你是先收玩具，还是先帮妈妈收拾桌子？"

哪种说话方式更容易让孩子接受并听从呢？你去试试，绝对是后者！

有人可能接着会问，为什么只是为孩子提供了一个选择，就会产生截然不同的两种效果呢？

这是因为，"你应该这样做""不许你和 ×× 玩儿""现在必须马上上床睡觉"等等，这样的教导会让孩子觉得父母的要求必须听从，自己只能压抑欲望，作为一个同样有思想、有意志的人，他们肯定不会愉悦接受。而两组对话里的后一种说话方式，却给予孩子更多的自由和尊重，而且很好地表达了要求，没有给孩子留下任何拒绝或打折的余地。所以，孩子虽小，也有自己做决定的权利，你想让孩子听你的话，并且喜欢听你说话，就要给予他们尊重，设定一个合适范围，将选择的主动权交到他们手里。比如，"这件事这么做是不是不太好，我想你能不能尝试着那样做？""我想你还是吃完饭再去看电视比较好些，这样边吃边看，饭凉了你该肚子疼了。"

或者，直接给孩子设定选项，让他们选择执行。比如，想让孩子马上上床睡觉，就可以说："你现在是准备听一个故事再睡呢，还是想要直接睡？"想让孩子游戏后将玩具收拾好，就可以问他："你做完游戏后，准备把玩具放到框里，还是摆回到柜子上？"这种方式既会让孩子感受到来自父母的尊重，更可以帮助他们培养独立思考意识，提高孩子独立解决问题的能力。

当然，无论孩子怎么选择，最终结果仍然是在父母可掌控的范围之内。而如果孩子提出第三个选项，你只需要告诉他："没有这个选项哦。"如果他拒绝选择或者犹豫不知道该选哪个时，你也可以直接为他做出选择，此时，他也不会觉得自己是在被父母操控。

技巧5：把句号变成问号

如何让孩子在与父母的交往中感受到尊重呢？除了要摒弃简单粗暴的教子方式外，在语言上，也要善于把句号变成问号，即用商量代替命令、用引导代替训斥，用理解代替嘲弄。

多商量，少命令

比如，想提醒孩子该睡觉了，可以说："9点半了，你是不是该睡觉了？"而不是直来直去地说："9点半了，快去睡觉！"

再比如，想要求孩子给父母帮忙，就可以说："宝贝儿，你能帮妈妈把扫把拿来吗？"而不要说："去，给我把扫把拿来。"

当然，如果孩子按照你的要求去做了，你一定要记得说声："真乖，谢谢！"这样，孩子就会因为你的认同感受到你对他的尊重，心情变得愉悦了，就自然不会对你的要求产生抗拒。

多引导，少训斥

我们在平时的生活和工作中，绝对不会因为别人犯了一点错，就板起面孔大加指责，那么，对待我们的孩子，就更需要多些耐心和引导。不要觉得小孩子感受不到，其实，他能从你的婉转中感受到尊重，尊重越多，孩子就能越自重，就越会注意修正自己的言行，以获得更多尊重。因此，婉转地对孩子进行引导，远比直接训斥甚至是责骂，要有效得多。

比如，如果孩子性格毛躁，办事总是粗心大意，父母就可以这样说："你一点都不拖拉，自己的东西收拾得这么快，真不错。不过，能不能再仔细一点呢？你看这本书，还在地板上是不是？这就是因为你没有特别认真，就落下了，那明天去学校该用什么呢？所以，以后再收拾书包的时候，你要是能在保持速度的基础上，保证质量，是不是就更好了呢？"家长切不可以一边到处指点，一边说："你看看你，连个书包都收拾不好，笔啊本子的还是扔得到处都是，明天去学校用的时候，看你怎么办！"

当然，这种技巧也要具体问题具体分析，如果孩子是在品行、习惯方面存在问题，父母大可不必婉转，虽不能训斥，但也可以平等而严肃地说明其错误，指出其危害性，并要求其改正。适度的惩罚此时也是可以的，这也比打骂更容易让孩子接受。

多理解，少嘲弄

以孩子的认知和经验，他们自然会有很多以自己的力量根本无法解决的问题，他们可能会向父母倾诉，以寻求帮助。虽然这些问题对父母来讲是小菜一碟，甚至荒唐透顶，父母也千万不要表现出哪怕一丝一毫的嘲弄或教训，最好能站在孩子的角度，像他的朋友那样，去理解他，引导他。

第四章

如何帮助6岁孩子
养成独立的个性和气质

很多6岁的孩子一遇到困难，就会喊："老师我不会！""妈妈帮帮我！"依赖心理强，孩子怎能发挥个性和创造性呢？因此，父母要放手训练孩子在生活中的独立能力，让他们有经历和感受的机会……这样，6岁孩子在实践中，通过自己成功、失败的经验和教训以及大人的支持、鼓励，就会逐渐形成良好的个性和心态。

1. 6岁孩子责任感和自我管理能力的培养

用"我"式句型，激发孩子的责任意识

俄国作家列夫·托尔斯泰曾说过这样一句话："一个人没有热情，他将一事无成，而热情的基点正是责任心。"

可见，从古至今，责任心就被认为是一个人立足社会、获取事业成功的关键性品格。当然，我们的很多父母，已经意识到责任心对一个孩子一生的成长和发展所具有的重要意义，也下意识地要培养和提升孩子的责任感，可我们又是怎么做的呢？

"你最好""你不能""你总是"……回想一下，在我们的日常生活中，是不是经常用这样的"金句"来规范孩子的行为，试图以此来培养他们的责任心。但结果往往不尽如人意！为什么会出现这样的状况？这并不是孩子任性不听话，相反，是因为父母没有把握孩子成长的心理特征，教养方法失当。所以，这些以"你"开头的"金句"，恰恰激起了这些已建立自我意识的孩子的逆反心理，孩子感受不到尊重，便不愿听从，更别说唤醒他们的责任意识了。

如果父母能换种说法，把"你"式句型换成"我"式句型，情况就会大不相同了。

"我"式句型的基本结构是，"当……时候，我觉得……"。"当……时候"表示家长发现了问题，"我觉得……"是在传递家长的感受，向孩子说明他的行为对别人造成的影响。只有当孩子意识到自己某个时间点的某种行为引

起了他人不舒服的感受时，他才会明白自己有责任去主动控制自己的行为。

比如，孩子把蜡笔、纸张撒得到处都是，妈妈一改过去那样用"你"式句型指责马楠："你看看你，总是把东西弄得乱七八糟，赶快给我收拾干净！"而是换成"我"式句型："妈妈上班这么忙，回家后你又把房间弄得这么乱，妈妈这个时候就会非常不高兴，因为我喜欢整洁，我都这么累了，还得去帮你收拾，你说我怎么能高兴得起来呢？"这样，孩子既能够听懂妈妈是责怪自己把屋子弄太乱，又了解这样的凌乱给本就疲劳的妈妈带来了不舒适，以后，他便自然会在不用督促的情况下，自觉自愿地收拾东西，以保证房间的干净整洁。

父母要少说多做，以身示范

在自我管理能力的培养这件事情上，父母的榜样力量至关重要。孩子自我控制能力差，虽然与这一阶段孩子的心智特点，比如好奇心强、天性好动、对诱惑的抵抗力较差有关，但家长没能较好地通过家庭教育引导孩子，才是影响孩子自我控制能力差的关键因素。

在一个孩子的成长过程中，如果他的父母在日常生活中始终坚持原则、注重自我约束，并时刻以此为标准规范自己的行为，那么，就会对孩子自我管理能力的提升，以及规则的内化产生强有力的示范作用。相反，如果家长喜怒无常，做事随心所欲，没有耐性，不考虑后果，那么，孩子自然就会沿袭同样的行事方式。

另外，孩子的道德水平也在很大程度上受到其成长环境的影响。一旦孩子看到家长违反道德准则而没有受到惩罚，孩子自然也会放下规则意识，进而放纵自己的行为。

研究人员还发现，缺乏自控力的成年人，大多来自父母不能成为自我管理典范的放任型家庭。如果在孩子的成长过程中，父母始终不能将自己的感受和利益放在一边，不能理智地用一贯的原则和纪律去约束孩子，而是只在自己极为愤怒之时才去管教孩子，那么，这些被父母的暴怒吓呆的孩子是根本无法学会如何有效控制自己的冲动和欲望的。同理，对自己控制过度的成年人多数也来源于父母过于严厉和权威的家庭，在这样的家庭里，父母对自己和孩子的要求极高，并特别喜欢通过引起孩子负罪感的方式来惩罚孩子，这反而很容易让孩子变得胆小、怯懦、内向和自卑。

耐心指导和督促孩子

有了良好的家庭氛围之后，家长接下来要做的，就是给予孩子耐心的指导和督促。

在自我管理能力培养这件事情上，家长的策略必须是细致和耐心的。必须以孩子的年龄和性格特点为基准，不能超出孩子所能实现的限度。一旦家长的管理无法取得良好效果，父母就应该反省自己的态度和方式，是不是不够耐心细致？是不是不太符合自己孩子的实际？如果是这样的话，就需要及时进行调整了。父母不能吝于向孩子付出耐心，毕竟天生一点就通、懂事听话的孩子还是少数，我们面对的大多数，都可能是自由无束甚至顽劣的璞玉。

6岁的跳跳正如他的名字一样，无论在家里还是在学校，都被看成是难以管教、活泼好动的人物。为防止他闯祸，在学校，老师得一刻不停地看着他。在家呢，他更是动不动就被妈妈关禁闭，被爸爸打屁股。因为实在无法管理，跳跳的妈妈万般无奈下把这个被全家人认为是"多动症"的孩子带去了心理咨询专家那里。在这里，这个6岁男孩才敞开心扉，显露出自己的自卑和孤独："老师讨厌我，同学看不起我，爸爸妈妈打骂我，我好像从来就没做对过。"

如果跳跳的父母能早看透这一切，就不会把儿子认定为无法无天，而是将他看成是一个惶惑不安、缺乏认同感的孩子进行管教。父母要善于耐心细致地与孩子进行沟通，这样，才能在彼此间建立起尊重和信任，管束才有可能行之有效。

要求孩子必须有始有终

在自我管理这件事情上，坚持是非常必要的，哪怕这种坚持是非常痛苦的。

实际上，任何事情的成功往往都是以牺牲为代价的，比如，想要孩子在学业上取得好成绩，就必须要求孩子牺牲掉一些事情，将时间用在自我提升上；想要孩子像钢琴王子郎朗那样在琴键上指尖如飞，就必须要求孩子克制住玩耍的欲望，冬练三九，夏练三伏……这些成果的取得，都不是一朝一夕就能够实现的，而需要孩子和大人进行长久地坚持。但是，在我们的生活中，有很多家长本身就对孩子"心太软"，比如，妈妈刚说过不能吃油炸食品，孩子却不愿吃饭闹着要吃炸鸡，妈妈心一软，就赶紧打发爸爸去买。这样的溺爱，不仅剥夺了孩子练习克制冲动、约束自我行为的机会，还容易让孩子变得骄横，难以管教。

细心观察孩子的表现，及时表扬

父母的肯定和表扬，是强化孩子正向行为的最佳法宝。比如，当孩子今天一反常态，你一喊他吃饭，他就立马关掉电视，扔下手中的玩具乖乖坐到餐桌前拿起勺子，而不是像过去那样叫了又叫，还磨磨唧唧地一会儿要求看完这集动画片、一会儿要求在电视机前吃饭，父母就要及时发现这样的"反常"，并捕捉"反常"，进行正向的肯定和表扬："宝贝今天真乖，妈妈一喊吃饭就立马过来了。"当然，父母千万不要因为过于惊讶，或急于肯定孩子，就说出诸如"今天太阳真是打西边出来了"的话语，孩子是不会理解你的惊讶的，他们听到的，只是你对他的不满与讽刺，这对好行为的强化丝毫没有帮助。

另外，父母对孩子的表扬形式也可以是多种多样的，除了物质上的许诺和满足，一个赞许的微笑、一个发自肺腑的拥抱和亲吻，都会让孩子因为感受到爱和尊重，而自觉自愿地将自己的好习惯坚持下去。

2. 让孩子明白：有些路终须自己走

父母要多给孩子表达、感受的机会

在孩子年幼的时候，父母需要为他们打理各种事情，但是随着孩子逐渐长大，如果父母仍然凡事都不肯放手的话，孩子很可能就会形成依赖、退缩、懒散的个性，这样的结果就是，孩子无论走到哪里，都需要父母这根"拐杖"的扶持。

有一个男孩，他妈妈就是典型的"过度包办型妈妈"。男孩从小就生活在妈妈的保护圈里。他小时候，妈妈就经常托各种关系，让他受到额外的关照。他上的幼儿园，是妈妈托关系找的全市最好的幼儿园；他上的小学、中学，也是妈妈"走后门"找的重点学校。

后来，男孩考上了大学。为了让儿子下课后能吃顿好饭，年近五旬的妈妈又毅然决然地从老家搬到儿子所在的城市。男孩从小就有上火的毛病，为了不影响孩子的学业，妈妈几乎每天早起为儿子熬梨汤。

一年后，男孩的妈妈需要回老家照顾年迈的长辈。男孩这才发现自己既不会收拾衣柜，也不知道自我照顾，而且也不会处理人际关系，甚至常常把别人的帮助当成理所应当，把自己的请求变成要求，甚至对他人发号施令。这让他显得与宿舍的其他人格格不入。

这位妈妈对儿子的百般呵护着实令人感动，但是这种密不透风的爱，却也给他的孩子带来了沉重的负担。被父母过度保护的孩子，就像温室里的花朵，经不起任何风吹雨打。当父母无力再保护他们时，他们瞬间就会失去重心，变得无所适从。

每一个人的人生终须要自己走。包办必然产生依赖，一个始终无法脱离对别人依赖的人，势必没办法独立面对社会和自己的人生。

所以，敢于放手，才是父母对孩子真正的爱。最睿智的父母，应该是那种即便孩子离不开大人的照料，却还是时刻提醒孩子独立、自强，并不断创造机会，培养他们独立品格的父母。在家庭教育中，父母要始终遵循两个理念。

理念一：父母要多给孩子"当家"的机会

6 岁孩子每天在家里的时间要远多于他在学校和户外的时间，父母要多给孩子参与的机会，提升孩子在家庭里的主体地位。下面是给父母的一些建议。

家里的一些事情，无论是否与孩子直接有关，都可以让孩子发表一下意见，让孩子帮着出谋划策。

对孩子提出的好建议、好想法要积极采纳并加以表扬和鼓励。

家里的家务活也要有一个明确的分工，每天爸爸应当做什么，妈妈应当做什么，孩子应当做什么，都要事先规定好。

让孩子在家里充当"检察官"的角色，对家里每个成员的行为进行监督。

孩子寒暑假期间让他当家一段时间，这期间家里大大小小的事情，只要不给家庭带来损失，都可以由孩子来做主。

这样一来，孩子便能从自己当"家长"的经历中就学到许多，也能够极大提高自主意识和独立能力。

理念二：父母、孩子同时"断奶"

为什么很多孩子在学校能办到的事，在家就不愿意干了？在学校，他们能自己吃饭，自己上厕所，自己穿衣服，可是一回到家里，遇到问题的第一选择大多是喊"妈妈"。这就说明，在孩子心里，只要身边有愿意帮他代劳的人，他就有了靠山。所以，父母一定要对孩子本来能自己实现的需求狠心说"不"，如果大人不和孩子在心理和行动上一起"断奶"，孩子永远长不大。

保证家庭教育中，各种力量一致和均衡

　　小鹿的爸爸在外地工作，所以，小鹿从小跟妈妈单独生活，并由妈妈照料一切。可是，小鹿越长大，妈妈却越是发愁，因为作为男孩子，6岁的小鹿内向得似乎有些过分了，他总是像只羞涩的小猫一样躲在妈妈身后，只要有外人在跟前，就完全不说话。就算在学校，也总是一个人安静地玩耍，很少像别的男孩子那样打打闹闹。"妈妈，你说怎么办？"这是小鹿最常挂在嘴边的口头禅。

　　研究表明，在家庭教育中，如果父母双方参与教育孩子的时间与机会不一致，出现明显的以父亲或母亲为主的状况，孩子很容易对两方中更为亲近的那个人产生依赖。而如果父母双方都是他可以信赖的对象，那么，他就会更为自信地倾向于以自己的力量来解决问题。因此，在家庭教育中，一定要保持各种力量的一致和均衡。案例中的小鹿，就是因为父亲在家庭教育方面长期处于缺席状态，所以过度依赖妈妈，导致在性格上变得缺乏男性的果敢与开朗。

　　但是，我们也确实不可否认，在中国社会，受一贯的"男主外，女主内"思想的影响，很多父亲在孩子的成长和教育过程中都是缺席的，或者可以说是不合格的，这对孩子性格的形成其实非常不利。美国著名的婚姻与子女教育专家约瑟·麦道卫在进行大量社会调查后得出这样的结论："与母亲相比，父亲在教育孩子时，会脱离开生活的细枝末节，而将孩子放在规则允许的范围内，让他自由成长，这种'大框架'式的教育方式，会促使孩子启动自己的智慧和能力去解决问题，由此，孩子的意志品质与解决问题的能力，也就会随之得到充分锻炼和提升。"

　　所以，在家庭教育中，不管父母的工作多么繁忙，都希望两方能够积

极参与到孩子的成长过程中来,哪怕只是每天和孩子共进一餐饭,或者讲一个睡前故事,也可能对孩子的性格发展产生莫大影响。

除了父母要全部参与进孩子的家庭教育之中以外,父母也要注意保持教育的一致性。在孩子的整个成长过程中,爸爸和妈妈在孩子教育这个问题上,其实是合作伙伴,遇到问题在所难免,但一定要经常沟通,最大程度地达成共识,否则,孩子不仅不知道该听谁的,还容易钻父母意见不一致的空子,这反而不利于孩子的健康成长。

3. 这样教孩子分享,孩子才善良、有爱心

父母的反思:不要让孩子享独食

与人分享、谦让有礼,自古以来就是中华民族的传统美德。但是,很多 6 岁孩子却不喜欢分享。

倩倩从小是由爷爷奶奶带大,被娇惯得不得了,好吃的先让她吃,想要什么都给她买,真是要星星不敢摘月亮。

虽然,小女孩小时候骄纵点没关系,人们会说可爱,可是,如今已经 6 岁的倩倩,却还是如此。家里有什么好吃的好喝的,她便一把搂在怀里,嚷嚷着"这都是我的",谁也不让碰。更令人担忧的是倩倩越来越自私的性格,时时处处以我为尊,只要自己高兴了,才不管别人有多困难。就拿每天上学这件事来说,爸爸明明顺路就能把她送到学校,可她不行,一定要让妈妈送,"妈

妈工作忙，上班又远，你要体谅妈妈，让爸爸送……"好话说了几箩筐，倩倩嘴里就一句："我不，我不要爸爸送，我就要妈妈送！"

受思维发展所限，孩子难以理解事物之间的关系，往往以自我为中心去认识事物，这是思维的典型特征。另外，大多数独生孩子在众多亲人的溺爱之下，缺乏与同伴交往的经历，更鲜少与他人分享的经历，使自己变得以自我为中心，不想也不懂得去顾及别人的感受。但是，如果放任这种思维继续发展，孩子就可能从品格上变得自私自利，时时处处唯我独尊。

想想我们身边的人和事，一个人不管智商多高、能力多大，只要他性格自私，为人处世总是考虑自己从不顾及别人，那么，这种人在社会上势必是难以立足的。可见，"吃独食"这件事，并不是我们一直所认为的"孩子还小，长大会好"那么简单。父母如果没有对这件事加以重视，便很可能让其成为孩子自私自利的源头。那么，父母在家庭教育中究竟该如何应对孩子"吃独食"这件事情呢？

不以孩子为中心

孩子岁数再小，家长在思想上和行动上都不能以他们为中心，更不能让孩子明显感觉到自己是享有与其他家庭成员不同的特权的。比如，吃东西的时候，让孩子先给大家分发，告诉孩子，有好吃的东西一定要和别人分享。还可以尝试着让孩子把大的、好的先给别人吃，当然，大人在接受孩子的东西时，一定要真诚地对他说"谢谢"，这样，既可以提升孩子在分享过程中的幸福感，又可以让孩子在无形中学习到如何礼貌待人。

养成家人共同分享食品的习惯

家里有什么可口的食品，不管多少，一定要全家人每人一份。当孩子抢吃或者要吃独食时，父母应明确禁止："好吃的东西，应该大家一起吃。"即便孩子哭闹，也不能迁就。

教孩子学会分享

自私自利的孩子，性格是不稳定的，不利于其情商的培养。所以，家长要时刻引导孩子进行分享，通过自己的言行帮助孩子建立群体思想，鼓励孩子把好吃的东西、心爱的玩具和家人、朋友共享，一旦孩子学会了分享，并在分享过程中看到别人的笑脸，自己也会发自肺腑地感受到快乐，分享行为就会自觉地在他们身上出现了。

给他时间，先"自私"后"分享"

每个宝爸宝妈，想必对下面的场景都不陌生。

朋友带孩子来家里做客，你要求自己的孩子把好吃的、好玩的跟小客人分享，孩子不愿意，像老母鸡护小崽一样把所有东西抱在怀里，说什么都不愿拿出来。

顿时气氛有些尴尬，眼看你脸上开始出现愠色，朋友干笑着缓和气氛："没事儿没事儿，不跟孩子抢东西啊，小哥哥不爱玩儿……"

此时，你到底该怎么办……是换个话题从这样的尴尬中主动解脱，还是该继续强迫孩子把玩具拿出来呢？

对于不愿意分享的孩子，大人们的第一反应就是自私，"小小年纪就这么自私，长大了还得了！"于是，出于对孩子品格的纠正，大人强迫孩子与人分享的事情时有发生，而且，这样的强迫还经常演变成肢体冲突。

其实，小孩子自私不是问题，大人总是强迫孩子分享才是问题。这样说是因为，儿童教育专家曾通过实践得出过这样的结论：3～4岁的孩子很少去考虑别人的想法和利益，普遍呈现出"利己"的倾向，即便进入5～6岁，这种倾向也没有实质性改变，只有到了7岁以后，儿童才可能有不同表现。可见，"自私"是孩子的本性，而分享则是习得的观念，所以，要求3～6岁的孩子主动进行分享是不现实的，而且，分享作为一种后天教养的品德，也并不是被动要求就好。父母应先充分满足孩子的占有欲，当孩子觉得充分满足之后，孩子才可能在大人的引导和示范之下，逐渐地学会分享。

第五章

6岁孩子的
心理、行为问题

　　6岁的孩子在成长过程中会呈现出共同的规律和特点，他们会在同一件事上出现同样让父母棘手的问题，比如不听话、问题多、做事拖拉磨蹭，这些经常在6岁孩子身上出现的问题，与孩子的心理发展有着非常密切的关系。

1. 孩子不听话，怎么办

多给孩子一些机会

秋秋的妈妈原本在事业上有着光明的前途，可是，因为家里没老人帮忙照顾孩子，妈妈毅然辞去工作，在家里做起了全职妈妈，把全部精力都投入到女儿身上，照顾得格外精细，要求也比别的父母严格和苛刻得多。

比如，在女儿搭乐高积木的时候，她总是从旁指导，并及时更正女儿的错误："宝贝，不能插这里，应该这样，来，我给你弄！"

女儿摆积木摆得东倒西歪的时候，妈妈又出现了："宝贝，这样搭很容易倒的，来，妈妈教你！"

不光是学习和游戏，就算是生活中的小事，妈妈也是一刻不放手，随时看护着秋秋。

"你不能自己拿碗筷，打碎了怎么办？"

"来，妈妈帮你穿鞋，你自己太慢了。"

尽管秋秋妈对女儿满是期待，但如此悉心呵护，却并没有换来对等的回报。老师反映，秋秋在学校里胆子特别小，从来不会像别的小朋友那样去探索、去尝试。老师督促她去，她就会小心翼翼地盯着老师，满脸想做又不敢做的纠结。

6岁，正是天不怕地不怕、充满朝气的年龄，而女儿却如此畏首畏尾，这让秋秋妈非常担心。

像秋秋这样的孩子，在我们的生活中并不少。他们小小年纪却循规蹈矩，不犯错，但从来也不试错，少了很多6岁孩子该有的朝气蓬勃。

孩子生来就应该是好奇、大胆的，那为什么会出现像秋秋这样的状况呢？究其原因，在于父母不正确的教养方式。

可是，他们终会长大，如果他们从未体验过犯错后自己承受代价，没有通过犯错、改错再重新来过建立勇气和毅力，没有感受过由错到对的成就感，成长对他们来说，便只是身体上的，而不关乎心灵。

错误，其实就是一种挫折。试错，本身就是孩子逆商培养的核心。

当我们因为怕麻烦，或者怕孩子受苦而肆意剥夺孩子试错的权利后，我们的孩子便可能像案例中的秋秋那样，不敢去尝试和挑战，也没有勇气去面对学习、生活中的困难和失败。那些干什么事情都畏首畏尾、眼高手低的孩子，背后必然有一对总为孩子遮风挡雨、万事包办的父母。而动不动就会因为一点挫折而心灰意冷，甚至一蹶不振产生轻生想法和举动的成年人，他们很可能从小生活在不允许犯错和失败的家庭中。

爸爸妈妈可以亲自为孩子做示范

说起孩子犯错，父母都知道，一不能为孩子找借口；二必须采取包容的态度。可是，说到具体的应对方式，大部分父母的法宝只有打和骂了。

其实，当孩子犯错的时候，恰恰说明，一个难得的教育机会来了！如果父母只是粗暴地矫正甚至发脾气，这个教育的机会就错过了。所以，教育孩子绝不能意气用事，在孩子犯错时，父母恰恰可以通过亲身示范，理智引导，让孩子经历一事增长一智。

让孩子知道，犯错后必须勇于承认

乔治·华盛顿和樱桃树的故事，想必大家都不陌生。小华盛顿一不留神砍倒家里唯一一棵樱桃树，并因为害怕而用杂物把樱桃树遮盖起来。爸爸知道后，没有立即责备，而是装作不知道的样子表扬儿子的能干。出于惭愧，小华盛顿告诉了爸爸实情，还请爸爸惩罚他。爸爸不仅没有责骂，反而对他大加赞扬："失去了一棵树，我确实难过，但更令我欣慰的是，你鼓起勇气跟我说了实话，我宁愿拥有一个勇于承认错误的孩子，也不愿拥有一个栽满樱桃树的果园。你记住了吗，儿子？"

华盛顿的父亲，通过自己的实际行动让儿子懂得了这样一个道理——一个勇于承认错误、为自己的错误负责的人，才能够更好地在社会上立足，并赢得别人的信任。

别急着责怪，站在孩子的立场看问题

耀耀为了弄明白机器人为什么会变形，便趁大人不注意把这个昂贵的家伙拆得支离破碎。爸爸发现后，不仅没有责骂，还鼓励儿子说："没关系，爸爸跟你重新组装起来，然后告诉你机器人究竟是怎么工作的。"于是，在父子的共同努力下，机器人很快回归原样，而且通过这件事情耀耀也明白了，好奇也有边界，有时是需要大人的参与和帮助的。

对于一些无伤大雅的小事，父母大可不必神经紧张，别急着责怪，要试着去理解孩子犯错的初衷，然后站在孩子的立场上去思考和解决问题。这样，不仅可以减少孩子犯错的可能，而且能够从很大程度上提升孩子各方面的能力。

2. 孩子总喜欢打破砂锅问到底

孩子从小就失去对事物的好奇心，才是父母要关心的问题

孩子对这个世界的认识，是从好奇心开始的。他会因为好奇把地上的小东西塞进嘴里尝尝舔舔，会因为好奇把爸爸的手表放进水里，会因为好奇把妈妈的口红涂抹在身上，会因为好奇把昂贵的汽车模型摔得粉碎……很多时候，孩子的好奇心给家人制造了混乱，但孩子的求知欲、创造性思维与想象力，却在这个过程中悄悄萌芽，茁壮成长。

不仅如此，好奇心还有助于训练孩子正确的判断力及决定力，扩展视野、提升观察力和敏锐度，培养独立思考的能力，能够培养孩子的耐心与恒心。可见，如果你家有一个一刻不停地探索（也就是大人眼中的"搞破坏"）、永远在问"为什么"的小家伙，不要觉得烦，他可能只是拥有一颗活跃，且始终朝气蓬勃的探索心。相反的，如果你家的孩子总是循规蹈矩，对什么事情都见怪不怪，从来不多问一句"为什么"，父母可要小心了，也许，这恰恰证明你家的孩子缺乏好奇心。

那么，为什么与生俱来的好奇心在有些孩子身上就消失殆尽了呢？父母应该反思下，是不是你们的某些行为或教养方式，压制了孩子的好奇心呢？

强行制止

孩子的好奇是不分时间和场合的，比如，当妈妈把孩子打扮得干干净净送到学校后，他可能很快就因为对一个小水洼、一些路边种植的花花草草产生好奇，而变身"邋遢大王"。为了避免这种情况的出现，父母给孩子规定了诸多条款："不能玩儿，脏！""别碰，会弄坏！"可曾想，当父母一味要求孩子不要弄脏衣服，损坏物品时，也抑制了孩子刚刚萌发的好奇心。

训斥

孩子对什么最好奇？自然是那些平时大人不让他碰、不让他玩儿的东西……因此，当孩子不顾我们的规定肆意释放好奇时，我们总是会很生气："告诉你，那扇门不能碰，给我关上！""告诉你多少遍了，那个不能玩儿！"孩子的很多探索行为，就因这样的训斥中断了。

嘲笑

孩子的很多好奇，其实是让我们哭笑不得的。比如，南方孩子第一次看雪就冲出去撒欢打滚、好奇妈妈的化妆品就把自己的脸涂抹得红红绿绿等等。所以，当孩子因好奇做出"疯狂"的事情或者问了搞笑的问题时，如果父母肆意取笑，孩子很可能会因为这样的嘲笑而变得谨慎起来。

敷衍塞责

好奇孩子想知道的事情总是特别多，有时候，那些没完没了、打破砂锅问到底的"为什么"确实会将父母弄得精疲力尽，但即便是这样，父母也不能以"你是小孩子，说了也不懂"之类的话语搪塞，或者干脆因为无暇顾及而以沉默应对，长此以往，孩子就会因为父母的态度变得沉默，不再发问。

耐心回答孩子的问题，引导孩子科学认识这个世界

6岁的孩子，想知道的事情特别多。

"天上为什么会下雪？""天为什么会变黑又变亮？""我为什么不能动水壶？""爸爸为什么要去上班，怎么不能和我一样去学校？""为什么鸡不会游泳？""妈妈干嘛要抹口红？""人死掉后到哪儿去了？""人们怎么知道香蕉是可以吃的？""我从哪儿来？"……

6岁孩子的问题很多，只有我们想不到，没有他们问不到。这个时期，

父母怎么应对孩子的追问，直接关系着孩子逻辑思维的养成、学习能力的激发和思考方式的建立。因此，面对这个小小的"十万个为什么"，爸爸妈妈们一定要耐心细致，科学、有计划地进行引导。

父母要给予孩子简短且专业的回答

6岁孩子是能够问出一些很深奥的问题的，比如，电视机为什么会有图像？面对此类的问题，父母切不可以抱着"反正我说了他也不懂"的想法随意敷衍，应该尽量和孩子一起，寻找科学、专业的答案。当然，就6岁孩子的认知而言，父母的回答如果过于艰深和烦琐，他们也会一头雾水，找不着北，产生更多疑惑。所以，面对孩子的问题，给出适合他们年龄层次和认知程度的回答是非常重要的。

对孩子的求知态度表示充分关注和肯定

孩子的每一点进步都需要大人的支持，所以，当孩子顺应自己的天性，向父母抛出"为什么"时，大人的态度是最为重要的。不要觉得孩子无法察觉大人的语言、神态乃至每一个细微动作里的含义，你在肯定、还是在敷衍塞责，小小的他们其实都能捕捉得到。所以，对于孩子的提问，爸爸妈妈要耐心倾听，并对他们的疑问表现出极大兴趣，然后，给予他们正确的解答。绝对不能对他们的疑问表现出丝毫不耐烦。

适时反问，启发孩子的自我思考

找个好机会进行反问，不仅可以激发孩子的主动思考，还能够形成亲子间的良好互动。比如，当孩子问"我为什么要吃饭"时，不妨反问一句："你觉得呢？"孩子或许能给出一个充满想象力的精彩答案呢。

让孩子多看科学纪录片和"十万个为什么"系列

很多在我们身边发生的事情，都被我们视为理所当然，我们不会去问为什么会这样，也甚少去探究未来。但是，对于孩子来说，这些都是他们想要探知的神奇世界。于是，他们的脑袋里会有无数个"为什么"，问得大人无力招架。

这个时候，我们可以通过一些经典书籍，比如《十万个为什么》，或是内容浅显易懂的科学纪录片来帮助孩子完成"科学启蒙"的大任务。这样做，一方面能够科学解答他们的困惑，另一方面，也能够激发他们对科学的兴趣和探索欲望。

下面，就为大家推荐几部高品质且通俗易懂的纪录片，供父母自由选择，以开启小朋友的科学之门。

《你最想知道的科学》(Things You Need to Know)

共分为两季。第一季共 3 集，分别介绍人体、宇宙和天气的奥秘，解密身边发生的各种被我们忽略的神奇事件。第二季共 6 集，分别为《爱因斯坦当过 7 年补鞋匠？》《为什么男人不问路？》《进化论之父或是达尔文他爷爷》《环游世界最快的方式是什么？》《史上最早的工程师是谁？》《为何有些元素不能友好相处？》，探索了大脑、进化、爱因斯坦、速度、工程和大爆炸等问题。

这部纪录片画面极具艺术性，且讲解活泼，内容专业，很适合 6 岁孩子观看。

《宇宙是如何运行的》(How the Universe Works)

这部纪录片共三季，25 集，从大爆炸开始、到黑洞、恒星、行星等，系统介绍了宇宙的各个系统原理，为我们拆解关于宇宙的种种谜团、探究迷人的天文现象并解释其成因，被称为"最好的宇宙教学片"。

影片运用高精度的合成模拟动画还原宇宙壮丽景象，画面美观、震撼，可充分激发孩子的观看兴趣。

《制造的原理》(How It's Made)

还原数千种产品的真实生产过程，从随处可见的食物、糖果，到高精尖的计算机、汽车、飞机等，无所不包。内容上极具娱乐性和知识性，全面地展示了制造业的魅力。

《完全机械手册》(How Machines Work)

共 28 集。从过山车到发电机，从电梯到拉力赛汽车，从照相机到天文望远镜，这部纪录片以通俗易懂的讲解配以微观拍照和动画还原，全面介绍了每一种机械的运作原理。

《从地球出发：NASA 任务 50 年》(When We Left Earth: The NASA Missions)

这部纪录片是 NASA（美国航空航天局）在成立 50 周年（2008 年）之际，推出的一部详细记录 NASA 所进行过的各种先驱任务的影片。这部被人们称为"前所未见的太空探索"的纪录片，讲述了从早期的水星计划到载人航天，再到影响深远的登月，以及联盟号航天飞机对接到人类第一次无绳太空行走等等人类最伟大的宇宙探险故事。探索者的亲自讲述、古老视频样片机上飞船摄像机的珍贵记录，能让孩子感受最真实的人类探索宇宙的过程。

3. 孩子磨蹭、拖拉，做什么都不着急

发现孩子拖拉，就要立即指正

"宝贝儿，还有十分钟就出门了，你洗完脸没？"

"听没听见妈妈说话啊？你在干吗？"

喊了好几声，豆豆都不吱声，妈妈只好冲进浴室，只见豆豆还在镜子前，慢慢悠悠地玩脸上的泡泡。"都十分钟了，还没洗完脸！每天就是因为你，我才迟到的！"

每天早上，豆豆妈都要和儿子因为出门上学发生这样一场大战。

为什么孩子会磨磨蹭蹭、干什么都不着急？

缺少时间观念，是孩子拖拉的最根本原因。6 岁孩子，对于 10 分钟、1 小时究竟代表多久，还没有非常准确的概念，所以，即便时间已非常紧迫，他们却还可能被别的事情"勾了魂儿"。另外，孩子没有为自己的拖拉承担过后果也是他们磨蹭的原因，一旦父母接受孩子"磨蹭""性子慢"这个既定事实时，就难免会用催促甚至直接代劳的方式，所以，孩子从来没尝试过拖拉给自己造成的恶果，自然也就不会对迟到这件事有所重视从而提高警惕。

所以，当父母发现孩子磨蹭、拖拉时，就事论事，直接指明他们的错误，是非常必要的。这样，一来可以让孩子产生紧迫感；二来也能够让孩子清晰认识自己到底错在哪里，而不是对父母的批评模棱两可。

比如，当孩子写作业时不专心、磨蹭时，如果父母只是在旁边不停地唠叨："你是怎么回事儿，一会儿不看着你，你就又开始不认真了。快点儿写，我就在你旁边看着！"这样教育的结果，无非是你看你的，他还是继续磨蹭他的，因为你的教导并不能让孩子将写不完作业与自己拖拉这两件事紧密联系起来。

正确的做法是，严肃并平静地告诉孩子："作业是你自己的事，必须由自己完成，现在，写作业是你必须专心要做的事，因为 9 点你就必须睡觉了。再东摸西看不好好写的话，写不完明天自己去学校跟老师解释。"这样的教导方式，孩子很快就能意识到自己拖拖拉拉是不对的，还是赶紧写完作业为好，不然明天到了学校，老师会因为自己没完成作业而批评自己。

另外，直接指明也不会让孩子对父母的本意产生误解，就像案例中的豆豆，妈妈的批评只能让孩子知道妈妈的不悦和迟到是因为自己，可是究竟是因为什么，他也还是模棱两可，就更别提对症改进了。

给孩子设定完成任务的时间

一位妈妈给育儿专家发来邮件，诉说她的苦恼。

她说，自己的儿子明年就要上小学了，平时，儿子的各方面表现都不错，但是有一个大缺点，就是做事太拖拉。吃饭慢、穿衣服慢、收拾东西慢，明明很快就能做好的事情，他往往要耗去几倍的时间，因此，迟到便成了儿子的家常便饭。看儿子这么没有时间观念，这位妈妈着急了，到底要如何改变儿子的现状呢？

其实，孩子之所以会懒散、拖沓，是因为没有成人那种"一寸光阴一寸金"的概念，因此，便需要父母以切实可行的办法，帮孩子建立遵守时间、珍惜时间的良好习惯。

给孩子设定任务完成时间，是提升孩子时间观念的一个有效方式。大人可以根据具体情况，为孩子的行为规定时间，比如睡觉，就可以这样和孩子约定："再过 15 分钟就 9 点了，我们该去刷牙洗脸了。注意哦，你要是在 10 分钟之内洗漱完毕，多出来的 5 分钟时间妈妈可以给你讲故事。如果你不能在 9 点前整理好玩具洗漱完毕，就得少听一个故事了，明白了吗？好的，行动！"

在这个过程中，父母还可以通过倒数计时的方式，提升孩子的时间紧迫感。比如，"上床倒计时开始喽，你现在只有 10 秒钟的时间啦，10、9、8、7……"倒计时的方式能够给孩子留出一定的过渡时间，所以，无论从心理上还是行动上，都是容易让孩子接受的。

与同龄伙伴开展竞赛

小柯妈妈觉得，儿子干什么事都特别拖拉。穿衣慢，一会儿揪揪线头、一会儿摆弄摆弄袖子；吃饭慢，东摸西看的，饭在嘴里嚼着嚼着就停下了；睡觉前事多，每天即便已经躺在了床上，一会儿要喝口水、一会儿要拿个玩具……妈妈就儿子拖拉的情况跟老师交流，老师却一脸惊讶："没有呀，小柯在学校特别利索，穿衣吃饭都是第一，还经常帮助比他慢的小朋友呢。"

很多孩子都像小柯这样，在家里和学校判若两人。在学校什么都能做，表现优秀，是老师和同学眼中的佼佼者。回到家里呢？却像孙悟空卸下了紧箍咒，彻底地自由散漫了下来。

为什么会出现这样的状况呢？这可能是孩子与生俱来的好胜心与荣誉感在起作用。对6岁的孩子来说，老师就是他们眼中的神，能够在小伙伴中间脱颖而出，并且受到老师的肯定与表扬，对他们来说，是十分值得自豪的事。所以，在学校有这么多竞争者，他们自然会时刻调整自己的言行，努力争夺第一。

这恰恰为父母解决孩子的拖拉问题提供了一个妙招。既然孩子这么重视自己在同龄人眼中的形象，时时刻刻想超越所有人，那么，当爸爸妈妈在发现孩子做事拖拉的习惯后，就可以在家附近找寻一个与孩子同龄、最好是做事比自己孩子快的小伙伴，让他们在同一件事情上展开竞争，比一比谁做得又快又好。比如，"佑佑妈妈刚发微信说，佑佑已经完成老师今天的绘图作业了，你呢，赶紧加快速度啊！"这样，便很容易让做事快的孩子成为自己孩子想要追随甚至赶超的目标，于是自觉地提高速度，进而克服做事拖拉的坏习惯。

4. 当6岁孩子提出物质要求，如何应对

在孩子提出要求时：延迟满足和条件满足

"妈妈，我想要个变形金刚。"

"你不有一个了吗，怎么还要？"

　　"我的那个太小了，你看大刚的，那么大，还能变形两次呢！"

　　"不行，有一个就不能再买了。"

　　"我不，我要嘛……"

　　6 岁孩子总是会提出各种各样的要求，今天要多看十分钟动画片，明天要再买一些好玩的玩具，后天要买新衣服……对于这些无穷无尽的要求，家长究竟该如何应对呢？

　　拒绝孩子的所有要求肯定是不对的，因为如果孩子一直得不到满足，他就会产生深深的挫败感，直至麻木和放弃希望。而且，如果一个孩子几乎没有实现自己需求的机会，那么，他们就会根本无法抵御"匮乏"这个心魔，对物质的渴望会异常强烈，压根儿没有控制欲望的能力。而对于父母的感情，孩子也可能因为一次次的挫败而变得冷淡起来。

　　当然，对孩子的需求全部满足也不对。如果孩子要什么就给什么，总是能不费吹灰之力就得到自己想要的，这样下去，孩子就会过于骄纵，这肯定也不是我们家庭教育的初衷。

　　那么，在孩子提出要求时，父母究竟该如何应对呢？

　　比较科学的方法，就是延迟满足和条件满足。

　　延迟满足，是美国斯坦福大学心理学教授沃尔特·米歇尔经过一系列实验得出的一个结论，即在孩子提出要求时，不要立即满足他，而是要让他等待一下。然而，这并不代表着让孩子单纯地学会等待，或是压制他们的欲望。实际上，这种做法是在培养孩子克服当前困难、获得长远利益的能力，是对于孩子耐心和上进心的一种锻炼。举个例子，像是案例中的那个孩子，当他向父母提出再买另外一个更大、更好的变形金刚时，父母直接拒绝肯定不利于孩子心理的发展，科学的做法是，告诉孩子："最近你已经买过一个变形金刚了，所以这个月不能再买了，想要的话，只能等下个月了。"这样，孩子因为对玩具的喜欢而格外期盼下个月的到来。当然，父母也一定要信守承诺，这样，孩子自然会因为这件来之不易的玩具而倍感珍惜。

条件满足，即让孩子明白，一切的获得都是有代价的。仍以开篇的案例来说，妈妈可以和孩子约定："你想要更大更好的变形金刚啊，那从今天开始，你就必须按时上床睡觉，不能拖拖拉拉看电视看个没完，这样，我下个月就会买给你。如果你做不到，那就不能买了。"为了得到自己想要的东西，小朋友肯定会开心地答应。当然，在具体实施过程中，刚开始的时候肯定会有困难，但是，在远景目标的支持下，他肯定会坚持下去，对妈妈的爱和信任就这样培养了起来，孩子也能够在自我管理中提升自控力与自信心。

教孩子控制欲望

6岁的牛牛每次只要一到超市，就会兴奋地扑向货架，一会儿就将超市推车上堆满了零食和玩具。

妈妈觉得牛牛在超市里有点像小购物狂。跟他说多了，他又会很不高兴，觉得妈妈是在苛责他，这让妈妈也很为难。只有每次趁他不注意时，偷偷把推车上的东西拿出来一些。

那么，父母该如何教孩子控制自己的欲望呢？

方法一：让孩子明白什么是必需品

家长要让6岁孩子在购物前仔细思考：哪些物品是生活中必需的物品，哪些是不必要的物品。这种思考可以让孩子在购买物品的时候做好分配，避免去买一些自己不需要的东西，而造成浪费。

方法二：让孩子学会买东西前先三思

在孩子决定买不买的时候，可以提示他们思考三个问题：第一，我买它是干什么用的；第二，我上次买的用完了没；第三，我不买会怎么样。

孩子只要能够在买东西前思考一下想买的东西对自己的作用，也就会渐渐地学会思考后再购物，不会出现无法抑制的冲动消费行为。冲动消费都是因为思考得太少，购买时只是凭感觉。

方法三：转移孩子的购买欲望

当孩子提出不合理的消费需求时，父母可以把孩子的注意力转移到合理的购买需求上来。例如：

"我们今天先暂时不买糖了，你的牙齿本身就不太好，我们去看看有什么学习用品吧。"

"这个玩具之前已经买过了，你该换牙刷了哦，我们去挑选一款你最喜欢的牙刷吧！"

孩子的购买欲望，如果不是出于理性思考的结果，就要巧妙地转移孩子的购买欲望。这样一来，既不伤害孩子的感情，也会阻止孩子的盲目消费。

第六章

抓住6岁阶段的敏感期，
提升孩子的智能

敏感期是儿童特定能力和行为发展的最佳时期。也就是说，在一段时间里，孩子会对周围环境中存在的事物有着特殊的兴趣和心理需求，6岁的孩子也是如此。

在此，我们向父母全面介绍了孩子在6岁时的各种敏感期，并提供了应对孩子敏感期的科学方法，父母可以借此在日常生活中对孩子进行正确教养。

1. 6岁孩子的自我认知：物权意识

帮助孩子分清哪些是自己的，哪些是别人的

妈妈刚从学校把贾凯接回家，门铃就响了。开门一看，原来是小天和他的妈妈。

"阿姨，贾凯把我的自动笔偷走了！"小天一看到贾凯妈妈，就生气地说明了来意。

"别瞎说！"小天妈妈抱歉地跟贾凯妈妈点了点头，婉转地说道："是这样的，今天小天回来，硬说贾凯拿走了他新买的自动笔，哭闹得实在没办法，我就带他过来问，要确实没有，小天也就不会无理取闹了。万一是贾凯不小心拿错了，两个孩子说清楚就好了，他俩一直都是好朋友。"

妈妈用询问的眼神看向身后的贾凯，没想到，儿子却突然愤怒了："自动笔是我的，不是小天的！"妈妈打开儿子的铅笔盒，果真看到了一支自己从没见过的黄色自动笔。妈妈脸一沉说："小凯，妈妈从来没给你买过这样的自动笔，拿了小朋友的东西要归还，你怎么能说这是自己的呢？"贾凯却不买账，还是一脸倔强："这就是我的！"

贾凯妈妈很是担心，儿子小小年纪，怎么就敢这么明目张胆地偷盗和撒谎，以后可怎么教育啊！

瑞士著名的心理学家皮亚杰说，3 岁和 6 岁，是孩子的"自我中心期"，这两个阶段的孩子，觉得自己就是这个世界的王，因此，他们很难听取他人的建议。其实，当他们将别人的东西凭空据为己有时，内心其实并无恶意，如果家长不由分说地痛骂，甚至就此给孩子贴上"小偷"的标签，不仅会影响孩子的人格发展，对其心理健康也是莫大的伤害。

科学的应对方法是，家长应该在孩子纯真的世界里，有意识地帮他们建立一套"所有权"概念。要告诉孩子，哪些物品属于自己，哪些物品是别人的，不能仅凭好恶就将东西夺走。

此外，父母还必须让孩子知道，既然世界上的东西各有归属，那么，如果自己喜欢别人的东西，想要或者想暂时拿去玩会儿，必须先征得别人的同意。当然，要想让孩子实现对别人的尊重，家长首先要学会尊重孩子，比如，拿孩子的物品之前，要先征得孩子的同意，归还时还要说声"谢谢"；进孩子的房间要先敲门；弄乱了孩子的物品，要说"对不起"……当孩子的所有权被充分尊重，孩子才能够推己及人，学会重视和尊重他人的所有权，从而正确区分自己、他人和社会，以逐渐形成良好的物权意识。

当孩子出现不尊重别人所有权的行为时

6 岁的双双漂亮可爱，妈妈的朋友们都非常喜欢她，每次聚会，都会给双双精心准备礼物。

有一次聚会，阿姨们给双双准备了一个漂亮的书包作为礼物，可是双双却对阿姨们给另一个小姐姐准备的玩具熊爱不释手，该回家了，她还是把小熊死死抱在怀里，不肯还回去，还理直气壮地说："两个礼物都是我的。"

小姐姐的妈妈见状，赶紧安抚女儿："妹妹小，把小熊送给妹妹吧，你是姐姐，让让她。"小女孩比双双大不了多少，小嘴一撇，哭了。双双看小朋友哭了，把两个玩具抱得更紧了，也号啕大哭起来。

美国有首名为《幼儿所有权法则》的儿歌，歌词是这样的："如果是我喜欢的，就是我的；如果东西在我手中，那就是我的；如果能从你手中夺过来，那东西就是我的；那东西我刚拿过来，就是我的；如果东西是我的，不管怎样它永远不会看来是你的；如果我在搭积木，所有积木都是我的；只要看来像我的，那就是我的；如果是我先看到的，那就是我的；你的玩具放回原处时，它自动变成我的；如果东西损坏了，那就是你的。"6岁儿童，在自己喜欢的东西面前，就是这么霸道！

那么，当孩子出现不尊重别人所有权的情况时，父母该如何解决争端呢？

此情此景之下，父母切忌为了快速平息事端，就随意打破儿童的物权意识："你是主人，该让着客人。""你让小哥哥玩会儿，来，这个给你！"这样的做法很容易让问题升级，并让孩子因为物权被打破而丧失安全感。正确的做法是，爸爸妈妈先冷静观察一会儿，看孩子们如何解决问题，然后，再温和介入，不评价行为，只给出建议。"看来你们俩都很喜欢小熊呀，但小熊是姐姐的，你抢姐姐的东西就是不对的！双双能不能先把小熊还给姐姐，给小姐姐道个歉，问姐姐能不能借给你先玩儿几天，或者用别的玩具跟小姐姐换着玩儿呢？"这种解决方式既明确了"你""我""他"的界限，维护了孩子对物的所有权，又不动声色地引导两个孩子从对立走向共享，因此，是较为科学且可以反复借鉴的处理方式。

适当购物，合理满足孩子的需要

于洋的父母最近非常焦心，因为他们发现6岁的儿子"手脚不干净"。

刚开始的时候，他们只是发现儿子书包里会多些笔、玩具之类的小东西，问儿子，儿子说是小朋友借给他的。可是，儿子每次拿回家的东西都那么精致，父母便起了疑心，向老师询问之后发现，原来，这些东西都是儿子私自拿小朋友的。

于洋爸妈平日里对儿子的家教非常严，从来不给儿子乱买东西，生怕把儿子惯坏，可是没想到，期望这么高，儿子最后居然成了个"小偷"。

研究指出，孩子之所以会顺手牵羊，部分原因是他们所喜欢的东西无法从家庭得到满足。欲望每个人都有，无论大人还是孩子，追求和满足欲望是非常正常的心理需求。如果一个孩子的欲望长期得不到满足，就连那种最基本的、任何普通人都能够满足的欲望都长期处于亏空状态，那么，孩子就会想方设法为自己补充能量。

父母一旦发现孩子有随意拿别人东西的坏习惯，一定要说清利弊，严厉制止。另外，满足孩子的基本需要也是非常重要的。平日里，父母应该顾及孩子的需求，酌情酌量满足孩子，千万不要因为父母个人好恶，就否定孩子的全部要求。

金钱是生活的必需品，孩子越早、越理性地认识金钱，对他们的人生也越会有正面影响。因此，在强调满足孩子基本需求的同时，父母可以把孩子带去购物，事先跟他们约定买什么、买几件，帮助孩子熟悉金钱的同时，引导他们合理地控制自己的欲求。甚至，还可以每月给孩子一定的零花钱，让他们自己做主，或者买一些小东西，或者攒起来买自己喜欢的大物品。通过这样的实践，孩子才知道自己的消费能力是怎样的，才可能在合理范围内控制自己的欲求。

2. 6 岁孩子观察力的提升

6 岁孩子观察事物的六大特征

　　放学的时候，校门口有一个卖金鱼的小摊，潇潇看见了，趴在鱼缸前爱不释手地看了很久，问妈妈自己能不能养两条。妈妈一寻思，儿子既然这么喜欢小金鱼，养几条也行，能培养孩子的观察力和责任心。

　　小金鱼买回家后，儿子高兴极了，看了好久，还提出很多问题："小鱼怎么进食？""小鱼的腮怎么一动一动的？""它游起来的时候整个身体都在摆动……"可是，爸爸回来的时候，给儿子带回了一个新买的机器人，于是，潇潇就抛下鱼缸，将全部注意力转到他更喜欢的机器人身上去了，再没看小金鱼一眼。

通过正确的家庭教育，6 岁孩子已经具有一定的观察力，并呈现以下特点。

特点一：缺乏稳定性

学龄前儿童很少有意识地去观察某种事物，他们的观察行为，经常是由环境、情绪或兴趣所主导。而且，即便是观察，他们的行为也缺乏稳定性，一旦有别的兴趣点出现，就会立即抛弃当前正在进行的观察活动，将注意力转投别处。

爸爸妈妈们不要因此指责孩子，并非他们不够专注，这只是他们这个年龄段的特性罢了。

特点二：持续时间短

孩子观察力的发展，也是需要遵循一定发展过程的，通常来说，3 岁孩子的观察活动能够持续的时间是 5 ～ 6 分钟，6 岁可达到 12 分钟左右。

不过，这也仅限于那些他们非常感兴趣的事物，如果是他们没兴趣的东西，他们很可能看都不看。掌握好孩子的生理和自然规律，孩子就不会因为注意力不集中而对一些事物感到厌烦了。

特点三：缺乏系统性

儿童教育专家经过跟踪观察发现，3 岁孩子在观察图形时，眼球的运动轨迹是杂乱无章的；6 岁，他们的眼球运动轨迹才会越来越符合图形的轮廓。这也就是说，孩子在观察事物的时候，是无法像大人那样具有系统性的，这就需要大人进行有意识地引导与培养，这样，孩子才可能遵循一定的顺序，更有效地去观察事物。

特点四：缺乏概括性

给 6 岁的孩子看两幅有一定关联的图，他们往往可能发现不了这两幅图之间的内在联系和本质特征，这就说明，这个年纪的孩子，在观察过程中，是无法很好地进行概括的。父母就必须告诉孩子，应该怎样观察、用什么样的顺序观察，这样，才不会让观察活动变得毫无节奏和章法。

特点五：缺乏目的性

你让孩子观察天空中的飞鸟，可是，他的注意力很可能被天空中流动的云吸引了过去。这就说明，6 岁孩子的观察活动很容易受到不相干的事物，或是自己情绪的影响，从而偏离最初的观察目的。为此，在孩子进行观察时，父母必须提升孩子观察行为的目的性，将注意力始终保持在观察对象上。

特点六：缺乏精确性

6 岁左右儿童的知觉笼统，精确度差，他们经常会把 6 和 9、5 和 2、b 和 d、p 和 q 混为一谈。针对这一特性，父母要经常有计划地引导孩子对事物进行仔细观察，并着重提升他们分析能力的发展，这样，儿童观察行为的计划性和精确性才能够逐步发展起来。

给孩子购买一些培养观察力的书籍

这一小节，为大家推荐一些能有效提升6岁孩子观察力的书籍。

推荐1：《美国经典专注力培养大书》

适读年龄：2～6岁

作者：Highlights 杂志社

本书全美畅销66年，总销量超10亿册，是一套超级明星游戏书，急速提升孩子的专注力。根据2～6岁孩子的兴趣点，全书共设置五大游戏板块，寓教于乐。比如，趣味大发现——图中至少有15处不符合常理的地方，要求孩子迅速指出，挑战眼力和逻辑思维能力；哪里不对——里面的每幅图都有问题，需要孩子仔细辨认，突破思维局限；极速大搜索——数一数、配一配、捉迷藏、找一找，提升大脑运转速度；全能小达人——速问速答，全面扩充知识储备。特别是"奇怪真奇怪"板块，完全没有正确答案，只要孩子觉得奇怪的地方，那就是答案，给孩子绝对自由的想象空间。

推荐2：《I SPY 视觉大发现》

适度年龄：2～9岁

作者：沃尔特·维克（图），吉恩·玛佐洛（文）

这套书中，每一张谜题图都是一幅摄影艺术的精品，那些看似杂乱无章的物品陈设，实际都经过精心设计，引导孩子突破心理定式、躲避视觉圈套。该书适合各个年龄段的孩子，可以亲子共读，也可以让孩子自己完成，可以按照书中的既定问题进行常规阅读，也可以根据画面内容和难易程度随机为自己设定目标。总之，新奇又自由。

推荐3：《你好！世界》

适度年龄：2～6岁

作者：安娜·菲斯克

作者安娜·菲斯克，是北欧钢笔画童书大师，她用9年时间著成此书，书中的每一页，都是发现世界的寻宝图，涉及天文、海洋、动物、植物、人类社会各个主题，是培养孩子想象力、专注力和思考力的奇书。

推荐 4：《森林里的躲猫猫大王》

适度年龄：3 ～ 6 岁

作者：林明子（图），末吉晓子（文）

考验从封面开始，惠子走进森林，大树上隐藏了翅膀的大鸟、树叶是翩翩起舞的蝴蝶的翅膀、倒立的大熊、依着树干趴着的狐狸、躲在树干后面的黄鼠狼……这一切，你的孩子都找到了吗？

带孩子去看画展

曾经，上海美术馆做了一个历时 5 个月的调查，调查对象是 12735 名从幼儿园到中学的学生，结果显示，76% 的孩子从没进过美术馆，看过画展 5 次以上的孩子仅占 2%。而在法国，经常看画展的孩子占比超过 70%，在德国，这一数据超过了 60%。观赏美术展览虽然对考试升学没有直接帮助，却是对孩子情操的极大陶冶，甚至可以说，还能改变孩子自身的气质。

千万不要小瞧孩子，以为他们不懂得艺术大师的画。其实，从观察力的角度来看，孩子都是天生的大师、艺术家，就算没有大人的讲解，他们也能够轻松找到和大师对话的"入口"。

但是，这并不是说大人的引导就不再重要了，父母除了要经常性地抽时间带孩子去看美术展以外，想要在观赏过程中充分激发孩子的观察力和审美能力，还是需要做足准备的。

参观前

1. 了解近期画展的预告、参观时间和预约方式等。尽量多地收集所看画家的生平和经典作品，并在参观前把这些故事讲给孩子听。

2. 提前与孩子"约法三章"，比如，不能在公共场合大声喧哗、跑动；不能带水和食物进入；参观之前先上厕所等等。

参观中

在观察力和审美能力培养这件事情上，需要循序渐进，持之以恒的努力，指望一次看够，那只能导致另外一个结果，就是一次性看烦！

对于 6 岁的孩子来说，科学的做法是每次认认真真观看一个小时左右即可，同时，最好把跟观赏内容有关的活动也一并加入，总时长保持在半天左右就可以了。

另外，在观赏过程中，爸爸妈妈不要太有压力，不用把自己"武装"成高级讲解员，父母的最主要任务，是激发孩子欣赏作品的兴趣，与孩子交流作品的内容，但一定要把握好尺度，切忌因为过多的知识填充和理念束缚限制了孩子的想象力。

3. 让孩子更聪明、更机灵的方法——逻辑思维的秘密

数理逻辑智能帮助孩子解决更多问题

晚上十点多的某小区，静谧中突然传来一个女人的吼叫："是什么关系？到底是什么关系？别说不知道！快想，到底什么关系？"小区居民们八卦的心瞬间激扬了起来，纷纷趴到窗台，支起耳朵认真地听着下文，只听，那女人愤怒地继续喊道："我告诉你是什么关系！互为相反数啊……"

虽然这只是个小笑话，但谈及在孩子智能开发上所付出的艰辛，父母们无不共鸣。

很多父母把孩子数学能力差归因为智商，但事实上，加减乘除只是孩子对于数学的早期接触，掌握了这些，也只是掌握了数学最基础的计算

能力，而我们真正需要孩子掌握的，其实是数理逻辑思维能力，即除了一定的计算能力之外，还必须掌握归纳、比较、分析、综合、抽象等一系列方法。

心理学家皮亚杰把儿童的经验分为社会经验、物理经验和数理逻辑经验。数理能力强的孩子，在学习数学时，能够很清楚地知道等式左右两边的关系，在解答应用题时，也能够比较轻易地掌握主要和次要线索，在短时间内归纳出题目的规律，从而迅速整理出自己的解题思路。

不仅是在数学学习方面，在日常生活中，数理能力强的孩子，也会表现得更有条理、有规划，能够举一反三。会计师、财务分析师、科学家、工程师、发明家和生物学家等，都是需要很强的数理逻辑能力的，即便我们不准备让孩子从事上述职业，锻炼孩子的数理逻辑能力，对孩子综合能力的发展，也大有帮助。比如，可以极大地提升孩子的阅读和表达能力，从而帮助孩子变得更为自信；可以帮助孩子从生活经验中总结解决问题的办法，从而使得孩子能够轻松应对人际交往中可能遇到的麻烦；可以培养孩子独立思考的能力，为孩子的未来提供有利竞争力。

如何提升孩子的数理逻辑能力

超超马上就要6岁了，在学校里，他的各方面表现都不错，就是对数字不是特别的敏感。从小，他都是得学很久才能记住数字，5岁的时候，才真正能够从1数到100。现在，每次学校留作业，妈妈比他还着急，见他一道数学题要算半天，有时甚至要手脚并用才能算清。计算棒之类的教具买了多少都没用，反正，只要是在数学面前，超超的脑子好像立马就"秀逗"了。为此，妈妈骂过也打过，却都不甚有效，妈妈实在是不知道该如何提高儿子这方面的能力了。

数理逻辑思维能力不是与生俱来的，而是需要经过后天的科学系统培养后，才能在日积月累中慢慢形成。

那么，在日常生活中，作为父母，该如何培养孩子的数理逻辑思维能力呢？

1. 在整理东西的过程中学习分类

孩子是在游戏中成长的，但是玩耍过后，难免会剩个烂摊子，铅笔、玩具车、糖果、罐子满地都是……这个时候，家长就可以在培养儿童"自己的事情自己做"的过程中，同时培养孩子的数理逻辑能力。比如，妈妈可以准备若干箱子，规定一个放吃的、一个放玩具、一个放学习用具……先教孩子将物品进行分类，然后，以此训练孩子认知、归类的能力。

2. 看商标学理财

带着孩子一起逛商场的时候，爸爸妈妈可以和孩子一起看看商品的标签，一方面让孩子知道所有东西都是有价格的，另一方面，可以和孩子一起算一算，买东西要多少钱；或者妈妈一共有 100 元，总共能买多少样东西……这既能够培养孩子对金钱的基本概念，也能够极大地提升孩子的数理智能。

3. 尊重个体差异，以激发兴趣为目标

受先天遗传和后天环境的影响，每个孩子在数理逻辑方面都有着不同的表现，这些差异也是必须要得到充分尊重的。开发孩子的数理智能，实质就是在激发他们学习数学的兴趣。父母可以在日常生活中让孩子以游戏的方式感受数字和数量的新奇，并及时给予有效的引导和鼓励，以建立孩子在数理方面的自信和能力。

4. 多接触大自然，顺利度过自然敏感期

喜欢与小动物相伴：孩子的自然天性

动物给孩子带去的温暖、安慰，是大人无法替代的，也是越来越被父母所认知和接受的。

> 这天，妈妈下班回家时，给卡林带回来一个奇妙的"朋友"。
>
> "啊！好可爱的小狗狗！"看到那个毛茸茸的小家伙的瞬间，卡林高声尖叫，兴奋得手舞足蹈。
>
> "妈妈，妈妈，这是给我的吗？"妈妈从来没见过儿子高兴成这个样子。卡林高兴地想把小狗紧紧拥在怀里，却又有些畏缩，只是小心翼翼地触摸着小家伙的脑袋。
>
> 最初的兴奋过后，接下来，卡林就忙着给小狗起名字、建窝。之后的每一天里，卡林早上醒来的第一件事就是看小狗起床没，给小狗添水喂食，出门前会跟小狗说"拜拜"，睡觉的时候也不在床上翻滚吵闹了，生怕影响小狗睡觉。每天放学后，还会轻轻地抚摸着小狗的脑袋，与它喃喃聊天："你今天在家乖不乖啊？我今天在学校可乖了，老师都夸我了，你要向我学习。"

喜欢与小动物相伴，是孩子的自然天性，他们会把动物当作自己的亲密朋友甚至是兄弟姐妹，与它们嬉戏，向它们倾吐心声，从而摆脱孤独，获得安慰。可以说，小动物能够为儿童提供他们那个世界里的独有安全感。

许多饲养小动物的家庭里，父母都能非常明显地感受到，当自己的孩子受了委屈，比起父母，孩子更愿意跟自己饲养的小动物"诉苦"，小动物一个简单亲昵的依偎，对他们而言就已经是最好的宽慰。心理学家将儿童

与动物之间的这种非常奇妙的亲密关系归因于动物的"非歧视性",也就是说,动物不会因为一个孩子的美丑、成绩好坏而对他们区别对待,无论是什么样的孩子,动物一律会给予他们无条件的爱与关注,这更容易让孩子平复伤害或获得自信。

现代社会,很多孩子都是独生子女,他们一生下来,眼前的世界就是由对他们极尽疼爱的成人构成的,所以,很多孩子都会在无形之中养成以自我为中心的习惯,不知道如何去关心和爱护他人。而小动物的出现,恰恰打破了这一空白,不仅丰富了孩子的生活画卷,而且还培养了儿童的爱心与责任心,有助于孩子良好性格的发展。

拥有伴侣动物的儿童比起别的孩子更容易结识新的朋友。这是因为饲养动物可以让孩子与他人有更多的话题,如果两个都饲养动物的小朋友在一起,那么,他们可聊的话题就更多了。剑桥大学就曾做过相关的研究,他们对比两组儿童,一组儿童饲养动物,另一组则不饲养,结果显示,饲养动物的儿童比不饲养动物的儿童有更强的社交能力;而且,孩子饲养的小动物越多,他们的社交能力就越强,且与父母之间的关系越和谐,家庭氛围也更加欢乐、稳定。

此外,亲自养育小动物的儿童,可以通过饲养动物这件事在日常生活中获取很多自然科学知识,比如,生命的诞生、成长、繁衍等生物学方面的知识;动物的行为、表情意义等行为学方面的知识;动物的喂养、训练、护理等动物饲养方面的知识等等。不仅如此,在陪伴一个小动物长大的过程中,孩子会充分感受到生命的珍贵和不易,从而促使孩子从小养成热爱自然、保护动物的好习惯,而且,也会让孩子的内心充满爱与希望。

孩子虐待小动物,父母应引起注意

松松妈妈最近非常烦恼。

原来,松松的爸爸妈妈忙于工作,经常不在家,对儿子心怀愧疚,于是,当6岁的儿子提出要饲养小动物时,爸爸就赶紧满足儿子，给他买回一只小猫。

刚开始的时候，松松对这只小猫喜欢得不得了，天天喂食喂水，一有空就蹲在小猫旁边轻轻地抚摸它，还总是喃喃地跟小猫聊天。可是好景不长，仅仅过了几周，儿子对小猫的热情就已消失殆尽，有时甚至还会欺负和虐待——他经常会把小猫高高抱起，然后趁小猫不注意的时候松手摔下，看小猫疼得瘸着腿走，他就哈哈大笑。有一次，他把小猫使劲摁到水盆里，妈妈看到了阻止他，他的理由是想给猫咪洗澡。前几天，松松还把一根绳子绑在猫咪脖子上，把猫咪挂在了门把手上，如果不是妈妈及时发现，小猫咪很可能就窒息而亡了……松松妈妈非常困惑，儿子明明很喜欢小猫，为什么又会频繁对这个可爱的小家伙施以虐待？

当孩子在饲养小动物的过程中出现虐待现象，爸爸妈妈就必须要多加重视了，因为这样的虐待背后，可能隐藏着很多我们看不到的问题。

有些孩子虐待动物是因为心理出现了严重问题。儿童心理学家经过多年研究证明，当孩子总是心存压力或者经常遭遇挫折，内心的攻击行为就会被激发。但是，对一个六七岁儿童来说，反击给他们施以压力的强大对象实属困难，于是，儿童便会转而将这种攻击行为发泄在比他们更弱更小的事物上。案例中虐待小动物的松松正是如此，父母不能经常照顾他，难免会让孩子缺乏安全感，觉得自己很弱小，所以，他就通过虐待小动物的行为来彰显自己的强大。

当然，除了心理问题，孩子虐待动物还可能有一些其他方面的原因，比如说好奇。6～7 岁的孩子对于这个世界本身就十分好奇，那么，在饲养动物的过程中，就难免因为鲁莽的探索激情，把小动物疼痛的叫喊看成是好玩，把欺负他们当作建立友情，完全不去顾及小动物的身体甚至是生命。又或者，孩子周围本身就存在虐待小动物现象，父母、亲人，或是在一起玩的小伙伴，总是对动物很不友善，当这些行为被小朋友看在眼里，潜移默化中，他便也有样学样，将这些坏行为延续下去。

很多父母在发现儿童的虐待行为之后，往往以孩子还小不懂事为由，睁一只眼闭一只眼，这样，在本来应该学习收获爱、付出爱的年龄段，却没有任何爱的收获，反而突出了残忍暴虐的一面，这对孩子一生的影响可想而知。所以，父母一定要对儿童的虐待行为加以重视，并及时引导。那么，当父母发现孩子虐待小动物时，要如何帮助他们改掉这种虐待行为呢？

对于因为缺乏关心而在小动物身上宣泄情绪的这类孩子来说，给予他们足够的爱，是解决虐待行为的重要途径。对于这类孩子，父母要给予他们更多的爱，多陪伴，让他们明白爸爸妈妈是真心实意地关心他、爱护他的。在孩子不高兴的时候，要允许他们发泄情感，当然，发泄之后，也要对他们进行引导。

对于因为好奇而对小动物施以虐待的孩子，父母应该这样告诉他们：你这样对小动物，它会很痛、很难过，如果妈妈也像你对待它这样对待你，你也会觉得很不舒服的。另外，家长不妨故意选择一些有伤残的小动物给孩子饲养，以最大程度地唤起孩子的同情心。

对于那些因为受到不好行为影响才虐待小动物的孩子，父母要特别注意孩子生活环境的净化，并及时审视自己的行为。明确告诉孩子，虐待小动物是很不好的行为，必须严厉杜绝。在孩子好好饲养动物时，父母也要经常给予他们肯定和鼓励，以增加孩子的成就感，当他们觉得自己是强大的、能够保护别人的时候，就自然会消除自己的虐待行为。

父母如何引导孩子正确地饲养小动物

无论从哪个方面来看，让孩子和伴侣动物一起成长，都是益处多多。当你决定为孩子饲养一个小动物时，首先要教会孩子如何正确地与伴侣动物相处、交流，在保证孩子对伴侣动物负责的同时，也要确保孩子能充分保证自身的安全。这里有几个要点，希望父母们能真诚地告诉你的孩子。

要点 1：在和小动物相处时，举止要尽量从容、稳定，因为刺耳的尖叫、兴奋的猛跑、突然的推拉，都可能使小动物因为惊吓而自卫。

要点 2：有些小动物在护食、护觉、护玩具时，会有自卫行为。因此，在小动物吃饭、睡觉或是玩玩具的时候，尽量不要打搅它们。即便彼此间已经通过长久相处建立了信任，依然应该对小动物保持起码的警醒。

要点 3：教孩子了解动物最基本的身体语言。当狗狗掀起嘴唇露出牙齿、背毛竖起、大叫或后退时；当猫咪后背弓起、背毛竖立、大声怪叫时，都要告诫孩子远离，因为当动物做出这样的动作时，已经表明它们因为感受到威胁而摆出防御姿态，接下来，就可能采取攻击行为。

要点 4：在外面见到陌生的小动物，告诫孩子不要贸然与其接触，应该先咨询小动物的主人。

要点 5：在与陌生小动物接触时，要沉着冷静，千万不能因为它们稍微一动就惊慌逃跑，也不能盯着它们的眼睛看，这在小动物那里会被认定为挑衅，很容易引发攻击行为。

要点 6：选择合适的动物也非常重要，有幼童的家庭，适合选择温顺安静的伴侣动物；那些凶猛或是性格太过活跃的动物却不适合在幼童家庭中饲养。

第七章

6岁孩子面临一年级，
父母的正确引导很关键

从天真烂漫、无拘无束的玩耍期，进入到严谨规范的求知期，幼升小，无疑是孩子求学道路上的第一次转型。他们要应对的挑战很多，包括心理、生活和学习的方方面面。父母的作用，便显得尤为重要。

1. 6岁：幼小衔接关键的一年

孩子在求学路上的第一次转型

从天真烂漫、无拘无束的玩耍期，进入到严谨规范的求知期，幼升小，无疑是孩子求学道路上的第一次转型。

面对随之而来的幼升小，并不只是孩子离开幼儿园，进入小学的那个阶段。实际上，幼小衔接不是临时突击的短暂过程，而是从幼儿园阶段开始，一直持续到小学一年级全学年的这样一个漫长的过程。所以，为幼小衔接进行准备，不应该从幼儿园大班上学期开始，而是应该从幼儿园，甚至孩子进入幼儿园之前就着手打基础。

而且，父母对于幼小衔接的认识、态度和行为，将决定孩子入学后在很多方面的表现。很多家长为了让孩子在进入小学时不输在起跑线上，便给孩子报奥数班、英语班、舞蹈班、钢琴班……殊不知，幼升小注重的是能力的培养而非知识的灌输，关系的环节很多，如习惯、性格、能力、人格等等。

习惯

良好的生活和学习习惯能帮助孩子快速适应严谨规范的小学生活，好习惯越早培养越好。孩子在不同的成长阶段，学习的重点大不相同，6岁之前，孩子的重点就是在活动和游戏中养成良好的生活习惯，比如早睡早起、严于律己、做事专心致志等等。

能力

除了阅读、倾听、专注力等与学习有关的能力之外，性格是否开朗热情、与人交往是否规矩懂礼、能否统筹兼顾合理安排时间、是否善于独立思考等等这些能力，都是孩子顺利适应小学学习并取得长足发展的基础。

人格

心理学家艾瑞森将 6 ～ 7 岁，这个一脚踏入新人生的阶段称为"勤奋与自信"的阶段，因此，这个阶段成了孩子勤勉与自信心养成的关键阶段。孩子自信心的来源其实非常简单，哪怕是课业和人际交往方面的点滴进步，都可能让他们自信心瞬间爆棚。但是，在这个过程中，也需要父母尽量为他们提供锻炼的机会，比如，公共场合下的得体语言表达、自我展现等等。

孩子智力发展的关键时期

在智力的培养方面，很多家长误以为，要开发智力就要多背古诗、多识字、早学英语、会算数，但其实，这是典型的"授之以鱼"的思想。片面地强调知识灌输，忽略了孩子独立思考、自由创造能力，是限制孩子智力发展的绊脚石。

有这样引人思考的笑话：在一所国际学校里，老师给学生出了这么一道看似有些高深的难题："有谁思考过其他国家粮食紧缺的问题？"孩子的答案都是"不知道"。美国的孩子不知道什么是"其他国家"，非洲的孩子不知道什么是"粮食"，欧洲的孩子不知道什么是"紧缺"，而中国的孩子，则不知道什么是"思考"。

审视一些家庭在教育方面的问题，我们发现父母不但没有为孩子智力和思考能力的发展创造更多、更好的条件，还一味地要求孩子听话、服从，使得孩子不会，也不想自己动脑，自己做决定。孩子的画里，天空是粉色、苹果是橘色，孩子说这是他最喜欢的两个颜色，你却告诉他不对，因为天空必须是蓝色、苹果只能是红色；你问孩子月亮像什么，说像挂在天上的路灯，你说不对，应该是圆的时候像盘，不圆的时候像船；你问孩子拔苗助长是什么意思，答案永远只能是不能违背事物的客观发展规律，除此以外，别的说法全部不正确……久而久之，当我们的孩子摒弃"别出心裁"，而总是将注意力放在找寻和记忆"正确答案"这一件事情上时，他们的智力发展便受到了极大的限制。

2. 6岁：帮助孩子完成角色转变

小学与幼儿园到底有什么区别

谈及小学与幼儿园有什么不同，孩子们给出的答案总是千奇百怪！

"幼儿园上课不打铃，小学上课要听铃声。"

"幼儿园在学校吃早点，早上不用学习；小学得在家里吃早饭，早上要上早自习。"

"幼儿园不用背书包带文具；上小学得背书包，书包里还必须装课本和文具。"

"上幼儿园的时候，不想去可以请假偷懒；上了小学，每天必须按时去学校，有事儿得向老师请假，也不能请假太多，不然课程就跟不上了。"

"上幼儿园的时候，妈妈能送到教室里，上小学就不能了，只能把我放到校门口。"

……

从孩子们的切身体会来看，小学与幼儿园的区别来自学习和生活的方方面面，这种差异，是由幼儿园和小学、家庭生活和小学生活环境、教育环境、学习内容、学习方法等诸多方面的差异造成的。因此，父母要想引导孩子一起妥善应对，首先，就必须要充分认识幼儿园到小学的变化。

变化一：成长任务的变化

上小学前，文化知识的学习只是点缀，孩子的主要任务就是玩儿，他们在玩耍中成长，通过游戏提升自己各方面的能力。但是，进入小学之后，课业方面的压力逐渐增加，知识学习不再是蜻蜓点水，而占据了重要的位置，并系统地贯彻执行。此时，游戏已无法承担全部的教育责任，知识学习变成了主要活动。具体来说，在课业上，幼儿园大班每天的集体活动时间是 2 ～ 3 次，每次 25 ～ 30 分钟；小学则每天必须上满 5 ～ 6 节课，每节课 40 分钟。在休息时间上，幼儿园集体活动与休息交替进行；小学则只在课程间设置 10 分钟的休息时间。在睡眠上，上幼儿园时每天中午必须午睡；上小学后想午睡却不一定有时间……这些"时间差"的出现，都可能使得孩子在生理和心理上出现短暂的不适应。

变化二：社会角色的变化

进入小学之前，孩子在家里是"大王"，到了幼儿园，也是被老师悉心呵护着。进入小学之后，孩子必须摆脱任性，成为集体的一员，需要严格遵守学校纪律，比如按时上下学、按时完成作业等；也需要承担应有的责任，比如好好学习，天天向上，代表班级争得荣誉等。从家庭人到社会人，这一角色的变化会令孩子兴奋和骄傲，也会让他们手足无措、难以适应，因而需要家长高度重视。

变化三：人际关系的变化

进入小学之前，孩子仍旧与爸爸妈妈保持着强烈的依恋关系；而成为小学生后，就意味着，他必须脱离家人的护佑，到学校里独立生活，而且，他们所需要面对和处理的关系也不再主要以亲人为主，还包括与同学和老师的关系。

入学前一定要做的准备

了解了小学与幼儿园的差异之后，家长要在入学前帮助孩子进行哪些方面的准备呢?

心理上的准备

从幼儿园进入小学，对小朋友来说，是一件非常自豪的事，同时，也是对他们身心的一次巨大考验。

为了让小朋友抛开忧虑，自信满满地完成这一角色转换，在平时聊天的时候，家长就要有意识地向孩子灌输这样的理念：成为小学生是非常值得骄傲的一件事!

比如，可以告诉孩子，上小学之后，能够认识更多的小朋友，并可以通过文化课的学习，变成和爸爸妈妈一样"无所不知"的人。还可以在孩子主动上床睡觉的时候，由衷地称赞他："真乖，都像个小学生的样子了!"

一旦孩子对成为小学生这件事充满了自豪和向往，就能够从很大程度上冲淡他们对小学的畏惧和陌生感。

体能上的准备

小学的生活和原来幼儿园的生活大不相同，对孩子体能的要求也更高了。比如，上课的强度会增强；小朋友必须坐够40分钟；不能经常性地请假，否则课程就会跟不上，等等。

因此，在孩子的幼儿成长阶段，父母必须保证孩子充足的营养和睡眠。另外，还应该多带领他们参加体育锻炼，以增强体质，适应即将开始的繁重课业，并减少疾病对他们的侵扰。

能力准备

一年级小孩最令老师和家长头疼的一个问题就是注意力不集中。6～7岁的孩子，还无法有意识地控制自己的好奇，总是能很轻易地被新鲜事物吸引注意力，但是，在小学课堂上，孩子们却需要有意识地控制自己，集中注意力。

有鉴于此，对于即将升入一年级的孩子，父母就应该特别重视培养他们的自我控制能力，以提高他们的注意力水平。比如，训练他们静静地玩儿积木、在他们专注地干某件事情的时候，父母不要轻易打扰等等。

习惯准备

学龄前的儿童，无论生活还是学习，都还是比较随意的，饿了吃，困了睡，不想上学了就可以不去。但是，进入小学之后，就必须严格遵守学校的时间安排，不能随心所欲。为了让孩子适应这样的变化，建议父母至少要提前一年就按照小学的作息去要求孩子，比如，早睡早起、按时起床洗漱、自己穿衣服整理书包等等。同时，在饮食上，也要习惯让孩子在家吃早餐，这也需要家长付出更多精力与时间。

让孩子明白：没有玩具的校园也同样有趣

今年9月份，琳琳就要成为一名光荣的小学生了，为了让女儿熟悉新角色，妈妈经常会给女儿讲一些小学校园里的事情。

这天，妈妈给琳琳讲了自己当年是怎么样成为少先队员的。琳琳听完，问妈妈："妈妈，我成为少先队员的时候，你能在学校陪着我吗？"

妈妈说："不能，戴上红领巾就是大孩子了，不能让妈妈时刻都陪着。"

"那我就带着小当，让小当陪着我。"琳琳晃了晃抱在怀里的布娃娃。

"那更不行了，小学和幼儿园可不一样，是不能把玩具带去的！"妈妈被女儿逗笑了。

女儿却噘起了小嘴："连玩具都不让带，那上学还有什么意思啊。"

学龄前儿童对于即将到来的小学生活不感兴趣、觉得恐惧、甚至出现适应障碍，其实是非常正常的，让一个人迅速地从习以为常的生活中分离出来，并立即在新环境中找到兴趣点，即便是成人，也很困难。所以，为了增加孩子对学校的好奇心和兴趣度，家长就要善于挖掘孩子的兴趣点，引导孩子提前喜欢上没有玩具的校园。

家长可以多给孩子讲一些自己上小学时的趣事。比如，自己是如何交到第一个好朋友的，是怎么通过努力戴上三道杠、成为学生干部的，第一笔零用钱是怎么用掉的……这些经历，都是与玩具为伍的学龄前儿童不曾体验和想象的，势必会燃起他们的好奇和热情。

父母带孩子去小学走一走、看一看，也是帮他们提升兴趣的好方法。窗明几净的教室、宽阔平坦的操场、上课时朗朗的读书声、课间孩子们的嬉笑打闹，都是6岁孩子未曾见过的场面，也是不断成长的他们内心极度渴求的。

另外，父母还要有意识地培养孩子对新学习生活的兴趣。比如，一起购置上学用具，一起研究怎么使用；给孩子讲小学的课程安排、规则纪律，也可以提前进行模拟练习，让孩子当老师、父母当学生，让孩子学习怎么听讲、如何回答问题等等。

3. 父母也要收收心，让家庭充满学习的气氛

　　有人问一位母亲："你家孩子去那么远的地方上大学，你的生活是不是就开始孤单了？"

　　没想到，这位母亲给出了这样的答案："没有，我只是觉得，看电视终于能放出声儿了，感觉很爽！"

很多人看了这个故事会笑，因为深有同感；也有人会嗤之以鼻，"不就是孩子学习吗，大人还不能看电视了，至于吗？"

试想一下，繁杂的噪音、混乱的环境、昏暗的灯光……让一个孩子在这样的环境中沉下心来刻苦学习，的确有些苛刻。也许有的家长又要说了："我们只是在家庭中参与正常娱乐，不会真把环境搞得这么糟糕的。"心理学上有一个叫"舒适区"的理论，讲的是如果一个人长期在某个自己不喜欢的状态中生活下去，慢慢地也会适应下来。以此为依据，当我们让孩子做功课，自己却在一旁观看嬉闹的娱乐节目时，开始会觉得不好意思，时间一长，也就习惯了。但这种嘈杂对孩子的影响，却没有因为你的习惯而消除。还有些家长因为工作不得不带着孩子应酬，开始觉得会耽误孩子写作业睡觉，决定以后少带孩子出来，可如果自己的应酬本身减少不了，孩子必须经常跟着应酬，那时间一长，自然也就习惯了；再比如，夫妻之间偶尔一次在孩子面前吵架觉得非常不好，但如果自己不能很好控制，时间一长，习惯了，也就在孩子面前照吵不误了……

这些道理很浅显，很多父母只是没有发觉自己对孩子的影响有多大，因此，建立学习型家庭的意义也就非常重要了。

对于 6 岁儿童家庭来说，建立学习型家庭的内涵非常丰富，首先，便是亲子互助互学，在家庭中创设良好的学习氛围；其次，是家长要带头改变不良的生活习惯，比如不乱放物品、不沉迷于电子产品，而是要多阅读，营造良好的学习范围；第三，家长要做好表率，培养孩子良好的读书习惯，比如，不要边吃饭边看书、不要边看书边看电视、在安静柔和的氛围下读书看报；第四，加强学习氛围建设，软件方面，父母要不断通过学习，提高自身的文化修养和内涵，培养爱钻研、爱探讨的学习兴趣，并创造宽松、民主、顺畅沟通的人文环境。硬件方便，屋内的灯光设计要适合读书学习，多购买书籍，同时，书籍、物品的摆放要和谐舒适，让家庭成为父母和孩子心灵的港湾。

4. 和老师积极配合，当好孩子的家庭辅导员

家长应该走出的家教误区

误区 1：自己既然把孩子送到了学校，那么，自己只要每天给孩子吃饱穿暖就好，那些身心发展、性格培养、行为习惯的建立等，都交给学校负责就好。

正解：父母是孩子第一任也是最后一任老师，这说明，学校对孩子的教育是暂时的，家庭教育才是终身的，即便孩子的大部分时间是在学校度过，父母也必须经常过问孩子的行为表现，并时刻注意自己的言行。因为家长的行为举止、态度，都影响着儿童各方面习惯和能力的养成。

误区 2：学校的作用就是提升孩子的知识能力，至于行为表现，不作考虑。

正解：家长必须要树立正确的教育观，不能只重知识、轻个性发展，如果只是喜欢听老师说好听的，不好听的就一概不理甚至直接屏蔽，久而久之，很可能使孩子形成不良的行为习惯。

在孩子教育的"战役"中，要和老师打好"配合战"

首先，家长要多与学校和老师进行沟通，主动了解孩子在学校里的情况，同时，也把孩子在家里的表现反映给老师，以针对孩子的优缺点协调配合，及时地予以肯定或纠正。

其次，家长要密切配合学校的教育计划，使得家庭教育与学校教育在

同一目标的引领下，驶入一个航道。比如，学校最近在锻炼孩子的独立生活能力，要求孩子自己洗袜子、自己叠被，回到家后，家长便要顺应学校的要求，引导孩子做一些力所能及的事。

再次，家长也要及时地进行学习，用教育理论和知识武装自己，提升自己的教育水平，发挥家庭教育的效能。

5. 让6岁孩子了解一年级

小学一年级需要具备的阅读能力

小学一年级的阅读训练目标

1. 能够用普通话朗读课文、回答问题。

2. 认识文中出现的常用标点符号，并能够体会出这些标点所表达的不同语气。

3. 能够积累并背诵文章中出现的好词好句。

如何进行培养

1. 孩子的阅读兴趣，越早培养越好

犹太家庭爱书如命，在孩子刚刚懂事时，他们就会在书本上滴上蜂蜜，让孩子去亲吻书上的蜂蜜。这种仪式的目的不言而喻——让孩子从小就觉得书是甜的，读书是一件甜蜜快乐的事情。

我们也要沿袭这种理念，从孩子懂事起，就培养孩子对书本的兴趣。比如，培养孩子读书的习惯，茶余饭后、睡觉之前，父母就可以有意识地把书拿出来，给孩子讲上几页。

在这里，书本的选择是非常重要的，对于 6 岁孩子，故事性是他们关注的重点，所以，父母如果能根据孩子的年龄特征选择符合他们感兴趣的书本，对于孩子阅读兴趣的培养将有很大助益。

2. 保证读书时间

想让阅读成为一种习惯，坚持是非常有必要的。如果父母能每天坚持给孩子读书，哪怕只有 10 分钟，日积月累之后，也将成为一笔非常宝贵的财富。

3. 营造阅读氛围

良好的氛围，才能激发孩子心情愉悦、全神贯注地去读书。正所谓书香门第多才子，如果父母本身就有良好的阅读习惯，言传身教之下，自然能给孩子带来好的影响。

你必须知道的小学一年级：语文

语文是一切学科学习的基础，一个孩子的语文能力如何，直接关系着这个孩子在整个学习过程中能否正确理解、准确释义。不要轻视小学一年级语文的学习，它其实是在为一个人一生的学习、生活和工作奠定基础。

小学一年级学生在语文学习上需要重视的环节主要有以下几方面。

环节一：汉语拼音的学习

要认识汉语拼音，并准确读写声母、韵母、声调和整体认读音节，能正确拼读音节。

能够运用汉语拼音正音、识字、学说普通话。

环节二：识字与写字

培养孩子对汉字的兴趣，让孩子有主动识字的欲望。

掌握汉字的基本笔画规则，能按笔顺规则写字，且字体端正、整洁。

养成正确的写字姿势和良好的写字习惯。

最少认识 400 个汉字，能写出 100 个汉字。

环节三：阅读

喜欢阅读，能够在阅读过程中感受到乐趣。

能够用普通话正确、流利地朗读。

对读物中的内容能理解、感兴趣，并乐于与他人交流。

环节四：口语交际

会说普通话，并逐步养成说普通话的习惯。

能认真倾听别人讲话，并能够领会别人讲话的内容。

能够与他人流利交谈，并保持态度的自然大方。

你必须知道的小学一年级：数学

数学在一个人知识架构中的重要性，想必不用强调，大家也深有感悟。引用著名科学家、哲学家罗杰·培根说过的一句话："数学是科学大门的钥匙，忽视数学必将伤害所有的知识，因为忽视数学的人是无法了解任何其他科学，乃至世界上任何其他事物的。更为严重的是，忽视数学的人不能理解他自己这一疏忽，最终将导致无法寻求任何补救的措施。"所以，对于数学的学习，必须从孩子 6 岁时就重视起来。

小学一年级学生在数学学习上需要重视的环节主要有以下几方面。

环节一：重视计算能力的培养

口算 20 以内加减法，并达到熟练计算程度，学期末要求每分钟正确解答 8 道一步计算式题。

防止枯燥的题海练习，以免孩子的数学兴趣被过早扼杀。

环节二：重视数学语言的发展

语言是思维的外衣，语言能力的增强可以极大地提升孩子的学习能力，促进思维的发展。在生活中要多为孩子创设学习和表达数学语言的机会，多让孩子将自己的观点、看法和思路表达出来。形式不用过于严肃，比如，可以在和孩子饭后散步途中，引导孩子进行以下表达："我认为""我是这样想的""因为……所以……"

环节三：重视数学学习过程

有些孩子在上学前就能进行一些简单运算，当老师在小学课堂上再讲起这些内容时，孩子看似毫不费力地懂了，但实际上，孩子从思维上并没有建立起有效的学习方法，一旦遇到新内容或者思维含量较高的题目时，孩子就可能一头雾水。所以，数学的学习并不只是单纯计算能力的提高，还必须是思维和学习方法的建立。这就需要父母在平时生活中经常将孩子过去和现在的成绩进行对比，找准不足，及时改进。

你必须知道的小学一年级：英语

英语是当今世界上最重要的国际通用语言之一，45个国家的官方语言都是英语，国际上政府间、外贸、医学、建筑、文学等多个领域的交流都选定英语为官方通用语言。另外，大多数国家的高等学府，都开设了英语语言文学专业。在中国的中高考中，英语也占有非常重要的比例。

我们都知道，语言的学习越早越好，现在很多孩子从幼儿园阶段就已经开始接触英语，进入小学之后，家长和孩子更需要重视起来，系统性地进行英语学习。

小学一年级学生在英语学习上需要重视的环节主要有以下几方面。

环节一：明白孩子的英语到底要学什么，必须达到怎样的程度

一年级英语是英语学习的预备阶段，学习英语的目的，就是让孩子接触和感受英语，并通过模仿、表演、游戏等生动有趣的学习活动，培养孩子对英语学习的兴趣。

一年级孩子英语的学习主要以简单口语为主，包括日常打招呼、介绍自己、介绍他人等比较常见和实用的句型。必须要提醒的一点是，孩子在读英语课文时一定要指读。另外，家长要及时从学校了解孩子的英语学习内容，在家进行辅导配合。

环节二：配合学校，切实完成英语学习目标

既然一年级英语的学习主要是口语的学习，所以，孩子回家之后，书面上的作业很少，大多是听读说的作业形式。家长不要因为不用交纸质作业就不加重视，因为在缺少日常语境的情况下，英语的学习必须以大量的听、说、阅读为基础，否则，会影响孩子未来的英语学习。

环节三：在家庭中为孩子营造轻松自由的学习环境

因为缺少日常语境，很多中国孩子的英语都是能看不敢说，学成了"哑巴式"英语。但是，一年级孩子是最敢说、最乐意说的一群人，你让他说英语，他不管说得多烂都敢说；你让他在众人面前讲英语，不管多少人他都敢开口。所以，家长一定要好好利用他们的这种状态，他想说，就让他说，鼓励他把学校里学到的歌曲、歌谣表演给大家看。孩子会在这样的活动中不知不觉地将英语学习看成亲切、平常的一件事，以后的英语学习自然会顺利许多。

第八章

学习兴趣、数的概念、
书写、阅读

对于6岁的孩子，他们的学习主要集中在哪些方面？父母又该如何帮助孩子提高语文、数学、阅读、书写的兴趣呢？这是一个十分关键又迫切需要了解的问题。

1. 为什么一提学习，孩子扭头就跑

和学习相关的脑组织在 6 岁以后才开始完全发育

　　方圆马上就要上小学了，但是，说起看书写字，却还总是一副心不在焉的样子。为了提高儿子的学习积极性，爸爸妈妈给他买了好多好玩的数学、识字练习册，没想到，这些努力不仅没有取得任何效果，还使得儿子对学习这件事变得更加不耐烦了。

　　方圆的态度让爸妈特别着急，"这还没上小学呢，对学习就这个态度，以后可怎么办呢？"

　　儿童教育专家认为，身处幼儿阶段的孩子，有着强烈的求知欲。但是，父母们因为不想让孩子输在起跑线上，便总是像案例中的方圆父母那样，在孩子上小学前，就对儿童不断地进行填鸭式教育，并坚信这种方式对孩子的成长和未来学习大有帮助。

　　但是，就儿童的身体发育情况来看，6 岁以后，孩子的大脑发育才能够达到知识性学习的水平，也就是说，孩子和学习有关的脑组织 6 岁之后才能够发育完全。在大脑没有得到充分发育的情况下，如果让孩子强行投入学习，刚开始的时候，孩子很可能因为好奇或是觉得好玩儿会进行尝试，但是，最初的新鲜感过后，学习这件事就像是给孩子穿上了不合身的衣服一样，让他们产生说不出的难受，如果父母还是没有意识到问题所在，要求孩子"今天必须认识几个字""明天要会多少以内相减法"，孩子的厌烦就将达到顶点。

6岁的儿童出于对父母权威的畏惧，会屈从于父母的意志。但是，如果压抑得太久，孩子就可能出现"学习恐惧症"，即一听到学习这件事就会特别害怕。当然，这并不是真正意义上的疾病，只是因为孩子在自身能力本就不足的时候，感受到了太多来自学习的压力。

所以，对于学习这件事，过于急切是没有作用的，父母不要只看"别人家"的孩子又认了几个字，能很快地进行数学计算，又或者能够流利地背诵古诗，还要考虑到孩子本身的成长阶段所具备的能力。该把玩耍当生活的时候就让他们痛痛快快地玩儿，这样，他们才可能在该学习的时候蓄足精神，高速起跑！

让孩子明确学习目的

6岁的小女孩夏天，活泼可爱，是家里的开心果。不过，在学习上她却少了许多主动性，总是拖拖拉拉，做事粗心。

在学校，夏天上课坐不住，小动作频频，老师为此不知道叫了多少次家长。对于女儿不爱学习这件事，夏天的妈妈特别焦虑，不停地教育女儿："上课的时候要认认真真，不能乱动，你看别的小朋友都那么专注。"话说三遍淡如水，妈妈越说得多，夏天听进去的就越少，有时甚至还会因妈妈的训导生闷气。

这天，夏天回家告诉妈妈说，同学们喊她"假小子"。"为什么会喊你'假小子'呢？"妈妈问。"因为我上课老捣乱，老师就说，男孩子都没你这么淘，同学们就叫我'假小子'了。"说这些话的时候，夏天的嘴噘得老高，别提有多不高兴了。

妈妈知道女儿的自尊心很强，就故意激她说："你愿意让别人叫你'假小子'吗？"漂亮的女儿摇摇头，妈妈便抓紧机会鼓励她说："你是个聪明的孩子，只要上课认真听讲，不要再像过去那样调皮捣蛋，同学们自然就不会再这样叫你了。"

　　为了帮助女儿，爸爸妈妈特意在家里设立了"模拟课堂"，以规范女儿的纪律，同时提升她对学习的兴趣。慢慢地，调皮捣蛋的女儿渐渐文静了下来，也不再是那个不爱学习的"假小子"了。

　　孩子对学习缺乏目的性，是孩子不爱学习的主要原因。明确了目的，就有了一切努力的动力之源。6岁的孩子年龄小，自制力差，学习这件事对他们而言带有很强的盲目性，既不知道为什么而学习，在学习时也很容易受到外界干扰。只有当孩子对学习这件事有了明确目的，才可能主动、持久地学习，也才能够在学习中取得好成绩。

　　对孩子的学习赋予明确的目的，说起来容易，做起来却没那么轻松，这需要从孩子的生理和心理发展特点入手。对一个6岁孩子说，"现在好好学习，将来才能上个好大学、找份好工作"和"现在好好学习，长大了才有可能像小猪佩奇那样，有吃有喝，天天快快乐乐的"，无疑，后者的说法才是更容易理解，也更能够激发孩子的兴趣。可见，为孩子的学习活动赋予目的这件事，一定要从孩子的关注点和兴趣点入手。另外，他性格上的弱点、恐惧和害怕的方面，也可以用来作为激发他们学习兴趣的"秘匙"。

　　另外，父母的榜样作用对孩子建立明确的学习目的也有着极大的帮助，父母热爱学习，既是对孩子的莫大鼓励，也对孩子学习目的的建立有着明显的推动作用。因为，在他们的心目中，父母就是榜样，就是世界上最厉害的人，他们想和父母一样，向父母看齐，那么，就必然会自觉养成爱学习的好习惯，这无形中也就给他们的学习，赋予了别样意义。

根据孩子的性格特点选择不同的学习方法

　　根据孩子的性格特点，选择不同的学习方法，是促进孩子学习有效且科学的途径。

不同性格孩子的不同学习方法总结如下。

类型一：社交型性格

这类性格的孩子开朗活泼，无忧无虑，外向，擅长与人交往，喜欢交谈。但性格上的明显不足是做事缺乏毅力，缺乏刻苦精神，不能集中精力专心干一件事，容易随时出现各种状况。

培养方向：

1. 调整孩子的学习环境。孩子学习的区域要安排在整洁、安静的地方。

2. 养成读书的习惯。选择孩子感兴趣的读物，帮助他们养成良好的阅读习惯，以帮助社交型的孩子克服粗心大意，注意力不集中的问题。

3. 稳定的作息时间。社交型性格的孩子爱玩爱闹，作息时间往往不稳定。父母要着重训练孩子养成良好的生活习惯，有了稳定的作息时间，孩子的生活和学习才能有规律地进行。

4. 给孩子"戴高帽"。社交型性格的孩子都喜欢听夸奖，只要父母能够抓住孩子学习进步的点滴及时进行夸奖，就能够从很大程度上激发孩子的学习欲望。

类型二：稳重型性格

稳重型孩子做事中规中矩，听大人的话，专心认真，做事谨慎。但是，他们做事情往往优柔寡断，缺乏行动力，也不太爱参加集体活动。

培养方向：

1. 带孩子多运动和参加文娱活动，这样会让孩子变得开朗乐观。

2. 多和孩子一起去旅行，让稳重型的孩子多接受外界的精彩事物，开阔眼界。

3. 平时多引导孩子学会调节自己的情绪，比如讲一些关于情绪的绘本故事，引导孩子不要轻易被外界所左右。

类型三：依赖型性格

依赖型性格的孩子为人老实，很少有反抗意识，能认真听别人的意见，对身边的人尤其是长辈依赖性强。他们遇到什么问题都不能自己解决，缺乏自主性和独立性，凡事依赖他人。

培养方向：

1. 让孩子养成自己解决问题的习惯。如遇到不认识的字时，自己先去查字典；遇到不懂的问题，自己去找参考书……父母不要过分帮助，只对他们进行适当引导即可。

2. 在日常生活中孩子遇到的难题，父母也应引导孩子自己去判断和处理，还可以让孩子参与到家庭事务的决策中来，多培养他们独立自主的能力。

3. 鼓励孩子和同龄人一起学习、一起玩耍，从他人身上学习独立自主的精神。

类型四：自卑型性格

自卑型性格的孩子对自我的认知严重不足、缺乏交际能力，在遇到挫折后往往会有"破罐子破摔"的心理，要逐步帮助他们树立自信心，毕竟，每个孩子的身上都是有闪光点的。

培养方向：

1. 努力发掘孩子的优点，经常赞扬孩子。

2. 帮助孩子认清自我，可通过名人事迹来引导孩子认识到自己的才能和优点。

3. 在孩子的学习过程中，不要太追求速度，而是要扎实细致地稳步推进。

4. 切忌批判嘲讽，哪怕是孩子犯了错。尽量正确引导，从犯错中抓住其可取之处加以肯定，并鼓励他改正错误，再接再厉。

类型五：刻板型性格

这类型儿童对事物满怀信心，内心丰盈充实，举止踏实可靠，自律性强，对于父母和师长的教导，也比较容易听从。缺点就是，性格过于死板，缺乏灵活性，较难与同龄人接近。

培养方向：

1. 鼓励孩子多参加社会活动，以开拓他们的视野。

2. 对他们性格中热情的那些闪光点，及时抓取并进行表扬。

3. 鼓励他们在学习中进取、竞争，并为他们的学习赋予符合他们年龄段的目的。

2. 数学：对数的序列以及概念之间的关系产生兴趣

6 岁孩子对数学有着天生的直觉判断能力

美国哈佛大学心理学家伊丽莎白·斯佩尔克曾做过一个这样的实验。

她邀请了一名五六岁的孩子，先给他看电脑屏幕上 13 个蓝色小点，然后，她把 13 个蓝色小点遮挡起来，又让他看电脑屏幕，这一次，电脑屏幕上有 17 个蓝色小点。接下来，她让孩子根据刚才两次看到的蓝色小点，用红色小点来表示出总数。结果令人惊讶，这个孩子，居然用 30 个红色小点来表达之前看到的蓝色小点总数。

为了进一步验证实验结果，伊丽莎白·斯佩尔克又对更多的 5 ～ 6 岁儿童进行类似实验，结果显示，三分之二的孩子都能够给出正确答案。

伊丽莎白·斯佩尔克由此得出结论，5 ～ 6 岁儿童，对数学有着天生的直觉判断力。甚至可以说，对于 13+17 之类的 50 以内数学计算已经能很好把握。只不过他们对"13+17"这种抽象的数学表达不擅长，需要像实验中那样将数字用图像的方式进行转换。

可见，5 ～ 6 岁儿童的数学能力是与生俱来的，我们觉得孩子在数学方面弱、能力低，可能是我们在教育过程中用错了方法，将太多的抽象概念和数字引入教育，而没有依据儿童的年龄特点和思维特点进行形象化解读。

希望父母在了解了这个实验结果后，能够把教孩子数数、算数的活动变得形象和可爱起来。

6 岁孩子应该具备的数学能力

家里要来客人吃饭，妈妈让 6 岁的女儿帮忙摆碗筷。

女儿问:"妈妈,要来几位客人?"

"3 位。"妈妈说。

"3 个客人,加上爸爸妈妈和宝宝,那就是 6 个人。"女儿喃喃报数。

"这么快就算出来了。那你算算,6 个人吃饭,要摆多少只筷子呢?"妈妈来了兴致,考考女儿。

女儿退出厨房,坐在沙发上闭着眼睛认真地想了一会儿,然后给出了答案:"12!"

"宝贝儿,说对了!你怎么算出来的?"妈妈惊讶极了。

"我就闭着眼睛想一会儿,就知道了。"

有些父母会觉得奇怪,自己并没有教孩子算数,为什么孩子自己就能进行简单的加减计算了呢?

其实,儿童在某个时期,就会自然出现数学思维,而且,他们的这种能力是随着年龄的增加自然增长的。而 6 岁孩子的数学能力,则应该达到以下标准。

在数字方面,能数到 100,口算 10 以内的加减法,并能够使用简单的计量单位;在形状与空间关系上,能正确区分自己的左右手,玩耍的时候喜欢跟着线路图走,还喜欢自己画线路图和布局图;在测量与比较上,能说出相同形状、不同尺寸的容器的大小区别,比如,妈妈的大水杯比孩子的小水杯要大。

我们说孩子在成长过程中会自然出现数学思维,但并不意味着这种数学思维和数学能力不需要引导。其实,6 岁以前的孩子,是一定要进行数学思维启蒙的,而且这种启蒙,重点在于经验的积累,只有经验足够多了,孩子才能顺利过渡到思维发展的下个阶段,即抽象思维阶段。

经验获得的途径很多,对 6 岁孩子来说,最好的方法,就是亲自动手操作和玩游戏。动手操作和游戏都有规则,小朋友既要听懂和服从规则,又要同时达到自己的目的,而且,在规则发生变化的时候,他们也需要不断调整自己的策略。在这个过程中，并不只是简单记忆，而是需要小朋友对知识进行综合应用，这也是数学思维的启蒙。

引导孩子深刻认识数的概念

真正的认识数字，与背数字、做数学题，是全然不同的两个概念。

背数字、做数学题，可能是一种惯性，而认识数字，却才可能是真正的能力。为什么这么说呢？试想，如果你在一个 3 岁孩子耳边不停地念叨灌输，他就能够流利地从 1 数到 10，甚至能做出 10 以内、20 以内的加减法。但这对他而言却和能流利背诵一首唐诗并无区别，因为他们对其中的意义全无了解。这并不是数学学习的真正要义。

那到底什么才是真正的数的概念呢？对一个 3 ～ 4 岁的孩子而言，当你问他"2 和 5 哪个数大"，他能够准确地答出"5"时，那么恭喜你，这种状况才说明他对数字有质的认识。对 6 岁的孩子来说，当他经过不断地重复和持续教育，懂得了 1 不仅仅代表一块糖，还可以代表一个苹果、一台电视机，甚至一个大人之后，这才能说孩子对数字是有着真正认识的。

当然，这一切的实现不可能一蹴而就，而需要父母有针对性地进行引导和教育。

父母要引导孩子理解数与数之间的关系

比如，父母可以用实物来帮助孩子理解大小、多少，以及数学运算的概念。当孩子有了基本的大小、多少以及数字关系的意识之后，就很容易理解加减法的概念了。

教孩子进行分类组合

孩子本就知道物品与物品之间的不同，所以，我们大可利用他们的这一特性，来给他们讲解分类和组合的概念，这会帮助他们对数字间的逻辑关系有更深理解。比如，在吃水果和整理玩具的时候，就可以要求他们分类摆放，然后把同类的整理到一起，这能够帮助他们反复体会分类和组合这两个概念。

巧用生活中的数学

孩子的数学敏感期萌发后，爸爸妈妈大可利用生活中的数学来帮助他们形成更深刻的理解。比如，吃饭的时候，让孩子帮忙摆放盘子、碗筷；购物的时候，让孩子进行简单的钱的计算，这些都可以帮助孩子理解数的概念。

如何把数学藏在游戏里

这一节，我们将介绍几个适宜父母和6岁孩子共同进行的亲子小游戏，以提升孩子的数学能力，深化他们对于数字的认识。

游戏1：分一分

游戏方法：这个游戏在日常生活中就可以进行。比如，在全家分食糖果或者水果时，可以要求孩子把糖果或者水果摆成两行，上面一行摆5个，下面一行摆9个，让他想办法把上下两行的糖果或水果数变相同。

数据可以随意变化，反复练习，提升孩子的思维能力和学习能力。

游戏2：猜石头

游戏方法：在3个等大的杯子里，再放入等量的水，再放入大小不同的石头之后，3杯水的水面上升高度必然各不相同。因此，在放石头的时候，遮住杯底，不让孩子看到石头的大小，然后让他根据水面上升的高度猜测哪杯水里的石头最大、哪杯水里的石头最小。

或者，也可以在等大的三个杯子中各放入大小不一的石头，然后给三个杯子装入等高的水，不必遮挡石头，让孩子猜一猜哪个杯子里的水最多，哪个杯子里的水最少。

再或者，先在等大的三个杯子里装满水，再分别在杯子里放进大小不同的石头，让孩子猜猜哪个杯子里溢出的水多，之后进行验证。

游戏3：拍皮球认数

游戏方法：事先准备一只皮球。然后由爸爸或者妈妈先拍，问孩子拍了多少下，并在纸上记录相应数字，注意，数字不要超过100。

之后，让孩子自己拍皮球，自己进行记录，成绩好的时候，还能够对孩子施以小奖励。

3. 6 岁：手部书写的稳定期

想办法让孩子把书写和快乐联系在一起

一位妈妈说："我一看到儿子拿笔就头疼！"因为接下来，儿子很可能握着这支笔，沿着他的行走轨迹一路画下去。一个看不住，墙壁、床单、沙发，都可能成为他的写字板，乱勾乱画一堆，场面惨不忍睹。

当然，妈妈也努力地想让儿子笔下的线条变得有意义起来，就是教儿子写字。可是，儿子对写字完全没有兴趣，写不了几下就又开始乱写乱画，还非说他那些随意涂画的圆圈、奇怪的符号，就是文字。

对一个 6 岁孩子来说，写字真的是一件特别枯燥的事。父母要想让孩子愿意写字，就要通过不同方法，激发孩子写字的兴趣，把写字变得快乐起来。

父母可以参考以下几点建议。

建议一：故事引导

6 岁孩子的很多经验、观点倾向，都来自他们最喜欢的童话或者故事，所以，在教孩子写字的时候，父母也可以配合一些与写字有关的名人故事、趣味性故事，或者可以激发孩子坚韧意志的童话故事，讲给孩子听，以提高孩子写字的趣味性，并在潜移默化中培养他们持之以恒的品质。

建议二：竞赛激励

教孩子写字的时候，可以把孩子写下的字与范字进行比较，或者与他上一次的练习比较，并给出相应的"笑脸"图标。"笑脸"集够一定数量后，就可以给予孩子一定的物质奖励，或者满足他的一个要求。

建议三：体会汉字的优美

汉字是世界上最美丽的文字，是中国上下五千年灿烂文化的结晶。汉字的结构，既讲究对称，又注意变化，给人以平稳、完整、和谐的视觉感受。父母在教孩子书写汉字时，最初一定要在田字格内进行，而且必须要关注笔画的起止、长短和走向，以及笔画间的距离、比例与界限，确定整个字的大小。一旦孩子在最初书写的时候就规则严谨，养成良好的书写习惯，以后自然会体味出汉字的优美。

建议四：规范写字姿势

写好字的前提是姿势一定要正确，因此，在教孩子写字的时候，一定要求孩子身端正、手放平。如果他的表现很好，父母则要敏锐发现，并加以肯定和赞美，甚至，还可以在孩子姿势端正地写字时，用相机为他记录下这一美好瞬间。当孩子时刻抬头都能看到自己贴在墙上的笔直身影时，对他写字的积极性会有极大的促进作用。

孩子眼里的"甲骨文"：乱写就是写字

6岁的女儿握着一支笔，趴在桌子上认认真真地"画"着什么。过了一会儿，她拿着一张被她涂鸦得像是"符咒"的纸，兴冲冲地朝妈妈跑了过去。

"妈妈，你看你看，这些字都是我写的！"

"喔，我闺女能写字了，妈妈来看看！"正在收拾厨房的妈妈停下手里的工作，把女儿的"大作"认认真真地拿在手里欣赏了起来。只见那张纸上，各种圈、点、线、叉，涂画得都像甲骨文。

"你给妈妈讲讲，这写的什么呀？"

"这是你和爸爸的名字。"说着，女儿指着上面各种奇形怪状的"字"给妈妈讲了起来，妈妈呢，则表现出一副非常有兴致的样子，认真聆听，还不时提问。

……

6岁的孩子，手部肌肉已经发达到可以稳稳握住笔了，所以，对于"写字"他们开始变得特别热情，而且喜欢把他的"大作"展示给别人看。但是，在大人眼里，这些只有孩子自己能看懂的东西，如"甲骨文"一般晦涩难懂……于是，6岁孩子的另一个爱好就此发生，那就是不断地跟大人解释他的"大作"！

面对这些晦涩难懂的"文字"，大人千万不要瞧不起，因为这些也代表了孩子对于写字最原始、最执着的热情。所以，当我们的孩子把他们画出的深奥"符号"拿给我们，让我们当文字一样欣赏和解读时，我们都要像案例中的这位妈妈一样，保持平和心态、耐心倾听讲解，以鼓励他将这份热情继续保持下去，直至他最终学会正确的书写。

不急着否定孩子的"作品"

6岁的孩子表面上是在乱涂乱画，但是在他们眼里，自己写出来的那些黑色的圈圈就是字，而且他也确实能解释自己"写"的究竟是什么。所以，这些"甲骨文"既然是他们心目中的"作品"，那么，父母就千万要对他们的行为和"作品"表示尊重，切忌嘲笑孩子是在"乱写"，更不能将一切定位为"乱写乱画"。这样的不屑和抱怨，会让孩子觉得他对文字的探索行为是错误的，很容易失去写字的兴趣。

父母要建标立杆，为孩子树立良好的书写规范

孩子之所以会把鬼画符一样的随意涂写当作"写字"，很多时候其实也是对父母的模仿。我们很多成年人，签名或者写东西的时候，有时会因为太急或者不重要随意杂乱书写，这样的字迹被孩子默默看了去，并当作榜样进行模仿，以为这样的随意书写就是文字。所以，父母在当着孩子的面进行书写时，一定要规范用笔，写字的时候也最好是一笔一画地写清楚，这样，孩子才不会因为错误模仿走了弯路。

怎么教孩子写字

《三字经》中有言曰："凡训蒙，须讲究。"这充分说明，只要是启蒙教育，就必须重视方式、方法。那么，对于孩子学习写字这件事，父母作为孩子的第一任老师要如何教导？让我们一起来看看吧。

教孩子正确握笔

握笔是写字的第一步。许多孩子在最初写字的时候，总是把笔夹在食指和中指之间，拇指则紧紧贴住食指。还有一些孩子，用整个拇指的第一关节紧紧抠住食指，位置则有的靠上、有的靠下，这些都是不利于书写的握笔方式。

正确的握笔姿势应该是，右手拇指在笔身左侧，比食指略微靠后，两指紧紧抓住笔身，中指在食指以下，用第一个关节拖住笔身，无名指和小指在中指之后自然后弯向掌心，掌心虚圆。握笔时，食指与大拇指中间呈椭圆形，手指与笔尖距离约为 2.5 厘米。进行书写时，手掌与手臂呈直线，笔杆向后方倾斜，紧贴在虎口处。

鼓励孩子多拿笔

掌握了正确的握笔姿势之后，爸爸妈妈就要鼓励孩子多拿笔，多书写，至于具体的书写内容，不用做过多要求，只要他愿意写、愿意涂画，我们就要肯定他。这样的鼓励，会给孩子的书写行为注入动力，他们会更乐于拿笔，也会因为这样的自信和力量主动协调自己的手部、胳膊的肌肉，从而更快地写出规范的字。

引导孩子规范书写

虽然训斥孩子到处乱写乱画是不合适的，但我们也不能对他们放任自流，那么，比较科学和适宜的方法，就是引导他们规范书写。

规范书写包括使用规范的工具、在规范的场所进行，以及规范的书写内容。

在用具的选择上，可以多给孩子选择印刷卡通的铅笔，并备以充足的纸张或者可以重复擦拭利用的专用写字板。

在场所方面，给孩子准备一个高度适中的桌椅。

书写内容方面，我们开始时可以教孩子一些笔画结构简单的文字，比如"人""大"等等，或者一些偏旁，等孩子领悟后，则可以让孩子自由发挥，父母不用给孩子太多限制。

4. 培养孩子受益一生的阅读能力

6 岁孩子已经开始有意识地认识文字

6 岁的小贝，最近特别"爱读书。"只要看见带字、带图的书籍报章，总要有模有样地拿起来看看，挑出自己认识的字"炫耀"一番，兴致高时，嘴里还"嘀嘀咕咕"地诵读一遍，仿佛他真的能看懂一样。

6 岁的小朋友，很多都有上述案例中小贝的影子。比如，无论什么内容的书，都要拿起来翻看，虽然看不懂，也要一本正经地看，如果能看懂，则更要翻来覆去地看；到有书的地方，比如图书馆和书店，会变得特别热情兴奋，一会儿看看这本，一会儿看看那本；比以前更加喜欢听故事了，而且会经常自己编故事讲给大人听；会用手指一个一个地指着书上的字念，因为认知有限，大部分都不认识，但还是会自己编造读音继续念下去。

一旦你家的 6 岁孩子身上出现这些现象，就说明，孩子已经进入阅读敏感期了！

5 ～ 6 岁，是培养孩子阅读兴趣和热情的关键时期，一旦错过，孩子对于阅读的热情就很难再培养了。这并不是危言耸听，美国著名生理学家玛莉安·伍尔夫曾做过相关的重要研究。他通过观察身处阅读敏感期内儿童阅读时大脑的变化发现，儿童阅读时，左右脑两个区域会同时运行，可一旦儿童度过这个时期，他们学习的能力就开始急剧退化，等到长大成人后，阅读时则变成了一个大脑半球在工作。正因为如此，6 岁之前，被称为儿童阅读的黄金期，6 岁之后，就很难再培养孩子的阅读兴趣了。不过，14 岁之前，也还是被称为儿童阅读的白银阶段，也还是能进行一些弥补，但如果这个阶段再错过，那孩子的自我阅读意识就很难建立起来了。

那么，父母该如何抓好 5 ～ 6 岁这个阅读发展的关键期呢？

1. 创造全家读书的氛围

众所周知，父母在培养孩子养成良好阅读习惯的过程中起着潜移默化的作用。所以，父母如果有阅读的习惯，孩子也会耳濡目染地对阅读感兴趣。另外，父母还要为孩子提供好的读书环境，比如，安静的、专门供孩子读书的区域，以及品种繁多，且适合孩子阅读的书籍。

2. 引导孩子复述故事

给孩子复述故事的同时，也是在激发他们的想象力、逻辑思维、语言表达、表演等方面的能力，这对提高孩子的理解和阅读能力有极大的帮助。同时，父母经常引导孩子复述故事，也能帮助孩子提高语文水平。但在复述故事这件事情上，父母不能给孩子安排不切实际的任务，否则，孩子会因为压力过大而放弃。当孩子想给你讲故事的时候，你只需要做一个耐心的聆听者，相信他会讲得更起劲儿的。

3. 在阅读时对孩子进行正向引导

孩子在阅读的时候，很容易把自己想象成故事主角，把发生在主人公身上的事情，通通对应在自己身上，所以，如果父母在给他读故事的时候越肯定、越欣赏主人公，他就越希望自己是故事中的那个人。父母在和孩子阅读的时候，主人公好的言行和品行，很容易因为父母的肯定和赞美而渗透到孩子身上，父母要有意识地进行这方面的正向引导。

选择书籍要顺应孩子的年龄特点

6 岁，在一个孩子的成长过程中是一个非常特别的年龄段。也许，2～3 岁时候的他乖巧可爱，但是，6 岁之后，他的想法就可能越来越难理解，问题开始变得刁钻，他们所关注的也不再是自己的生活，而将注意力放在他人以及更广阔的世界中去。对爸爸妈妈来说，这是一个极具挑战性的时期，你总是会觉得是不是有谁把你原来的乖孩子换走了，父母需要有更多耐心和更灵活的思维去应对。

随着思维发展水平的不断提高，6 岁孩子在听故事和阅读方面，要求也和以往大不相同。比如，4 岁的时候，孩子更喜欢的是简单和短小的故事；但是进入 6 岁之后，他们就对连贯的、情节性强的故事更加感兴趣，有时，还会对画面进行分析："妈妈，现在一定是夏天，你看，上面的小河马穿着短裤呐！"

另外，在进行阅读时，6 岁小朋友还呈现出这样的一些特点：

1. 明确知道一本书的组成部分及不同功能；

2. 在爸爸妈妈对着故事书给他念自己已经很熟悉的故事或者读自己写下的文字时，会点认对应的文字；

3. 对诸如"地球如何运动""电视机怎么成像""雪花是怎么形成的"等在他的认知范围内可以理解的科学知识特别感兴趣；

4. 道德感迅速发展，是非好恶分明，比如，在听完《白雪公主》这个故事后会特别同情白雪公主、异常厌恶狠毒皇后；

5. 能够将在书中看到的内容与日常生活联系起来，也开始尝试着把日常生活经验用书面语言进行表示。比如，因为小红帽的故事，会想到坏人也许会打扮成他熟悉的人的样子；

6. 开始通过部分特征辨认一些常见的字词；

7. 能够复述、扮演或部分或完整的一个故事；

8. 听完一个故事后，会提出一些问题，当然，也能够解答很多与故事有关的问题；

9. 能够根据部分故事情节或者插图，推断出故事的结局。

适合 6 岁孩子阅读的书籍推荐。

科普类读物

1.《世界动物百科全书》

2.《小牛顿科学馆》

3.《十万个为什么》

4.《小小少年·科普文学馆》系列

5.《神奇的生命》丛书

6.《聪聪科学绘本》丛书

篇幅较长的经典故事类绘本

《红狐狸和小鸭子》《蓬蓬头教授的万灵药》《苏和的白马》《神奇小老鼠》系列、《巴巴爸爸》系列等。

童话语言类读物

《安徒生童话》《格林童话》《伊索寓言》《成语故事》等。

哲学启蒙类读物

《一片树叶落下来》《风中的树叶》《风到哪里去了》《石头汤》《摇摇晃晃的桥》《驴小弟变石头》《100 万只猫》等。

职业启蒙教育类读物

《小朋友的职业体验》系列（20 本）。

亲子共读，为孩子树立良好榜样

　　妈妈给 6 岁的小鱼买了好多书，但妈妈非常喜欢看电视，所以每次陪小鱼读书的时候，妈妈都是边看电视边讲故事。有时候读着读着，小鱼的注意力就被电视剧吸引走了，有时母子俩说着书里的故事，一会儿却讨论到电视情节上去了。结果，书买了一大堆，可好好读过的却没几本，而且，小鱼似乎对读书也并没有太大兴趣……

　　人的成长就像是一层层地剥洋葱，每一层，都代表某个年龄段必须要获得的知识。如果在本应该的年龄没有长好那一层，孩子以后就可能得用双倍、甚至多倍的时间和精力去完成，而有些东西，确实是付出再多也无法再补回的。所以，作为父母，要给予孩子在他那个年龄段的最好养育与最大满足，特别是在知识和技能领域，当孩子对书籍和阅读产生兴趣时，父母就需要花更多时间去陪孩子一起阅读，而且是有效率的阅读。

　　何为有效率的亲子共读呢？是指爸爸妈妈认真地陪在孩子身边一起阅读，而不是三心二意地随便讲讲，或者边给孩子读书边干别的，甚至直接随便扔一本书给孩子，让孩子自己看，这样的阅读方式很难满足这个阶段孩子对于知识和阅读的需求，而且也难以在孩子身上培养起良好的阅读习惯。

　　孩子最喜欢的亲子阅读方式，是被爸爸妈妈揽在怀里，边读书边交谈，而不是坐在旁边规规矩矩地听。在读书过程中，孩子肯定对书籍和里面的故事情节有很多问题，如此亲密的阅读方式，可增加阅读过程中的信任度和依赖感，更能促进孩子思考，并且积极地提出问题。

　　而父母对待孩子提问的态度，也对孩子能否爱上阅读起至关重要的作用。如果父母对于孩子频繁提问是充满赞誉的，孩子就会更加专注于故事和文字，也会更积极思考，深刻地理解和消化书中的内容。

　　父母对于孩子问题的解答，对孩子的思考活动也是一种有益引导。比如说，当孩子提出"小白兔是不是只吃萝卜"的问题时，你就可以顺势引导他进行这样的思考："不是吧，森林里的食物多着呢！你想想除了萝卜还有什么是小白兔爱吃的？要是你生活在森林中，你喜欢吃什么？"

把阅读的选择权交给孩子

很多父母，在孩子很小的时候就开始注意培养他们的阅读习惯，甚至有很多小朋友，5～6岁的时候就已经拥有满满一书架的书。可是，试着回想一下，这满满一书架的书，他经常翻阅的，是不是只有几本呢？而且，如果你真的问孩子书架上的书是不是全部喜欢，答案十有八九会让父母失望，他们喜欢的往往只有几本，能反复阅读的，也只是那几本而已。这就说明，孩子的阅读量和他们对图书的拥有量，是不成正比的，这也意味着，父母认为好的书，孩子未必感兴趣，这也就是为什么我们要倡导父母把阅读的选择权交还给孩子的原因。

也许有的父母又要问了："小孩子懂什么，怎么能让他们自己去选呢？万一他选择的是一些对他们成长没有好处，甚至会带来不良影响的书籍呢？"

其实，6岁孩子读书的重中之重，不在于内容，而在于一种良好读书习惯的培养。父母与其给孩子挑一堆内容丰富、指导性强，孩子却无法沉下心来安静诵读的书籍，倒不如提供给他们感兴趣的书，让他们在一本接一本地从头到尾阅读中，将读书的良好习惯培养出来。

读书需要极大的耐心，书中的内容如果不是小朋友感兴趣的，他们肯定很快就会将书籍扔到一边。所以，父母根据自己理解或是跟风买来的那些书籍未必真的适合孩子，孩子通过精心阅读培养起来的那些专注与耐心，其实是远超内容所能带来的影响力的。美国著名科幻小说家阿西莫夫的成长经历，就是这一结论的深刻诠释。

阿西莫夫小的时候特别喜欢阅读杂志小说，这些书籍在爸爸眼里就是"垃圾"一般的存在。但是，阿西莫夫不顾父亲态度，坚持读了下去。成名之后，再回忆起这段经历，他说："不论低俗杂志小说多么无聊，还是应该读一读。年轻人渴望阅读粗野的、粗制滥造、问题臃肿、题材陈旧的故事，只有通过阅读这些故事单词和句子，他们的渴望才能够被满足。"也就是因为这样的渴望，阿西莫夫阅读了大量的通俗小说，培养了很强的写作能力。他说："凡是读过（通俗小说）的人都必然会受到阅读能力的训练，其中一小部分人会转而去阅读比较好的作品。"

可见，阅读习惯的培养，也是一个由量变到质变的过程，只有量积累到一定程度，阅读能力和阅读习惯才可能有质的飞跃。因此，对孩子而言，大量阅读才是最重要的，记忆力和理解力才能由此得到发展。家长呢，最好也能够鼓励孩子跟随自己的兴趣去多看、多读，而不必太过于计较他们读了什么。

第九章

6岁孩子的
日常生活

睡觉不安稳、做噩梦、挑食、吃饭慢、不爱刷牙、不爱洗澡、起床拖延……这些关乎6岁孩子日常玩耍和作息方面的问题，父母应该根据孩子这一年龄段的行为特点，给他们提供一个既能激发潜质又轻松愉悦的环境，让孩子在放松的状态下健康成长。

1. 睡眠问题

科学对待孩子的梦

　　一位妈妈说，她家6岁半的儿子老是做噩梦。经常睡着睡着，就突然惊醒，说自己做了特别可怕的梦，然后就再不肯睡觉了。这位妈妈很担心，儿子的这种状况是因为有什么心理问题吗？

　　在孩子一整晚的睡眠过程中，一般会在两个时间段内做噩梦。第一个时间段是刚入睡的2个小时以内，这个时候的噩梦会比较真实且清晰，孩子容易在噩梦中惊醒，并惧怕再次入睡；第二个时间段是在早上醒来的前的2小时内，这时候的噩梦通常是孩子在最近遇到的那些令自己不愉快的事，具体表现是，孩子会突然惊醒，甚至会大喊大叫、哭泣，而此时孩子的心率也会随之增加25%～40%。

　　在被吓醒或者叫醒之后，孩子还是会有明显的焦躁和害怕情绪，脸色苍白，表情恐惧，会对梦境有片断记忆。经安抚后，如果能够摆脱对梦境的恐惧情绪，那么，他们就可以继续入眠。如果这种恐惧暂时无法消散，那么，再不肯入睡便也是必然的。

　　心理学家研究指出，幼儿几乎都有做过令自己不愉快的梦的经历。4～6岁的小朋友，对这种经验更为熟悉，因为他们平均几天就会做一次噩梦，有时甚至一夜就可能做好几次噩梦。

　　为什么做噩梦这件事在6岁孩子身上发生得如此频繁呢？

无论大人还是孩子，如果白天发生了令人沮丧的事，必然会影响到夜间的睡眠，所以，做噩梦的现象任何年龄段的人都无法幸免。但是，这些噩梦对于孩子来说，就有些麻烦了。6 岁孩子的自我意识已经开始走向成熟，开始出现生动的、以自我为中心的幻想。白天时，他们的情感全部被成长的喜悦所填满，到了晚上，那些白天还没有能力用语言表达的情感被压抑，以及接收到一些负面信息，比如咬人的蛇、拐孩子的坏人等，就会在晚上一股脑涌现。讨人厌的噩梦，也就这样出现了。

当然，噩梦也不是一无是处的。美好的成长背后，每个孩子都有必须要渡的劫、必须要过的关，比如，口欲的满足、恋母或者恋父情结、幼儿园的压力等等，梦中的投射，其实也是对日常压力和不满的发泄，对孩子的成长其实不无裨益。

既然做噩梦是无法避免的，那么，作为父母，又该如何引导孩子正确地对待噩梦呢？

首先，在发现孩子做噩梦时，最好让他们自己醒过来，而不是强行中断睡眠。因为对于 6 岁孩子来说，睡眠状态下被叫醒和做噩梦的恐惧度并无二致，而且，如果人为阻碍孩子的梦境，孩子的大脑就无法对噩梦进行"建设性"解决，当噩梦的强度足以让孩子呻吟或者翻来覆去，他会自己醒来。

其次，鼓励孩子诉说梦境，孩子的梦境往往是情绪和问题的反映，时常做噩梦的孩子，更需要关怀。要鼓励孩子尽可能详尽地描述那些令他恐惧的梦境，当孩子能够大声诉说，而你又不会不屑或将一切压制时，噩梦就自然失去了很多威胁的力量。

再次，父母要耐心安抚孩子。对大多数 6 岁孩子而言，噩梦往往就是真实发生的。这时，父母要平静且理智地向孩子保证，他是安全的，梦境是虚构的，梦中发生的事情都不大可能在现实中对他造成伤害，这才能够让孩子觉得内心安稳。

增加孩子睡眠的安全感

想必很多父母，都见过这种非常神秘的"夜间恐惧"现象。

有时，孩子躺在床上，可能会尖叫或扑打，甚至眼睛张大，眼里满是恐惧，并且对于你的到来，孩子完全视而不见。父母觉得这样的现象非常神秘，一些老人还会将这些现象定义为"丢了魂"，但实际上，这个时候的他们，或许已经醒来，却还没有从梦魇中清醒过来，或许，就根本没有醒来，还沉浸在梦魇中。

这是学龄前孩子乃至小学生非常常见的一种睡眠行为，儿童心理学界称之为"压抑状态"。指的就是孩子在没有任何障碍的情况下进入睡眠，但是会在半夜的时候清醒一小时左右，两眼睁开并充满恐惧。有些孩子可能一夜只会发作一次，有的孩子却可能一夜出现多次这样的状态，而且，都没有典型的发作频率和持续时间。

当然，医生的药物治疗能够有效抑制这一情况的出现，但是，更为科学健康的办法，还是增加孩子的睡眠安全感，然后，静待他们慢慢长大，睡眠恐惧自动消失。

对于睡梦中出现的可怕场景，6 岁孩子是无法相信这一切不是真实的。因此，在他夜间惊醒，并因为恐惧哭泣、尖叫甚至踢打时，父母唯一要做的，就是抱紧孩子，避免孩子受伤，然后安慰他："这仅仅是个梦，你很好，爸爸妈妈都在你身边。"10 ～ 30 分钟后，孩子可能恢复过来，并重新入睡，再次醒来后，夜里发生的事情，便不会存在于他的记忆里。

孩子因为怕做噩梦而不去睡觉，这对孩子的身体和情感发育有害。为防止这种情况的出现，父母可以采取适当方法，让孩子的情感在夜间有所保障。比如，在孩子睡觉的时候，让卧室的门半开着，或者点亮一盏亮度适宜的小夜灯，或者将收音机调小声音一直开着，这样，孩子就能够得到更多的安全感。如果孩子从睡梦中惊醒后特别心烦意乱，而且不愿继续入眠，那父母就一定要和孩子一起睡。

此外，为进一步帮助孩子克服梦魇带来的恐惧，平日里，可以给孩子多讲一些关于梦和睡眠的故事，让孩子对梦境有更深入的了解，不会再将梦境与真实混为一谈。而且，时常做噩梦，也反映出孩子心理的问题，出现这种情况时，家长应细心观察孩子，引导他们说出自己内心的焦虑。

如何调理孩子睡眠不安稳的状况

人的一生中，1/5 的时间都是在睡眠中度过的，因此，睡眠质量不仅关系到人的身体健康，还会直接影响着一个人的生活质量。睡眠对大人已然很重要，对于那些需要在睡梦中长身体、完善脑发育的孩子来说则更加重要。但是，我们的生活中仍不乏这样的孩子，他们夜半醒来，不断啼哭，成为令父母无助又无奈的"夜哭郎"；还有一些孩子，许是白天受了委屈或承受了太大压力，午夜不断从睡梦中惊醒，让父母担心不已。

孩子睡眠不好怎么办呢？下面，我们就为陷入苦恼中的父母提供一些行之有效的方法。

睡前关掉电视

千万不要觉得在睡觉前给孩子看电视就能让孩子放松下来，进而轻松入睡。其实，闪烁的电视屏幕虽然让孩子看起来"呆呆的"，似乎就要进入到睡眠状态，其实只是他们的眼睛疲劳了，而他们的大脑，此刻正因为引人入胜的剧情而变得异常活跃。所以，不要让孩子看着电视入睡。

必须午睡

孩子整天都在动，体能消耗其实是非常大的，白天也应当通过睡眠进行调整。如果他们的调整时间在傍晚，就势必会对他们晚上的睡眠造成影响。因此，最好让孩子在中午养成休息的习惯，也就是让孩子每天午睡。这样，既保证孩子下午有旺盛精力，也不会因为休息时间不当影响夜晚的睡眠质量。

在固定时间上床睡觉

虽然孩子在行为上总是表现得没有一点时间观念，但是，他们的身体里，却有一台运行精准的时钟，什么时间该吃饭、什么时间该睡觉、什么时间该排便，他们的身体，都记录得清清楚楚。所以，保证孩子每天都能在同一时间上床睡觉，便是尊重了他们身体的需要，他们的身心也自然会进入睡眠状态。

当然，为让孩子充分放松，周末的时候也可以允许他晚睡一点儿，但其他时间，比如起床时间、午休时间等等，还是应该尽量保持一致，因为生物钟一旦打乱，要进行调整，就比较麻烦了。

对于给孩子制定上床时间，应尽量早些就寝。专家建议，上小学后，孩子的最佳就寝时间应在 20:00 ～ 21:00。

制定睡眠计划表

6 岁的孩子，白天在学校中往往会表现出与在家中截然不同的成熟、懂事。那么，如何让他们将这种成熟、懂事延续到家庭中呢？制定规矩，无疑是一种非常有效的措施。例如，父母可以就孩子睡前要做的事情和孩子一起制定一份计划表，双方协商一致，如睡前要洗澡、换睡衣、收拾玩具、读 3 个故事，然后关灯睡觉，并把这些约定，用画图或者简单文字记录下来。那么，当你已经给他读完 3 个故事后，他却瞪着眼睛仍不睡觉，说要听第 4 个故事时，你就可以把那张睡眠计划表拿出来，指着上面的指示告诉他："上面说读完 3 本书就得睡觉哦，不许耍赖皮，我们该睡觉了。"这样做，或许效果会更好。

创造一个安静舒适的睡眠环境

睡眠环境的舒适与否，直接影响着一个人睡眠质量的高低，比如，环境要保持绝对安静；室内温度要适宜，但切不可夏季贪凉；灯光易以暗黄色为主，在孩子睡踏实之前，最好不要关灯。当然，在孩子入睡时，如果家人和孩子的生物钟一致，那最好不过了；如果家人没办法和孩子同时睡觉，那就需要低声细语，为孩子提供一个相对安静的睡眠环境。

2. 吃饭问题

还是和 6 岁前一样挑食

青菜不吃、萝卜不要、青椒都不愿意闻……每天吃饭，对姐姐母女来说，就是一场恶战，总是以妈妈唠叨无数遍、可姐姐仍旧将自己不爱吃的食物扒拉到一边结束。当然，不仅在家里是这样，据老师反映，姐姐在学校也很挑食，只是，她不敢把自己不想吃的东西扔掉，而是偷偷含在嘴里，吐进厕所。

挑食会引起孩子营养摄入不均衡，影响孩子健康成长，可是，有的孩子吃起零食没完，饭到嘴边却没有一点儿胃口；有些孩子只喜欢吃肉和甜食，看见蔬菜说破嘴皮都不吃；为了让孩子好好吃饭，有的父母恨不得天天揪着孩子的耳朵给他讲道理，可他就是听不进去……那么，我们的孩子为什么会挑食？父母又该以怎样的技巧来应对他们的"挑剔"呢？

一、孩子挑食的原因

1. 长期饮食单调

如果孩子的饮食结构长期过于单一，通常会导致两种结果：一种是总吃一种食物，直到吃腻；另一种是习惯一种口味或口感，非常排斥其他口味的食物，比如，有的孩子小时候总被喂口感绵软的东西，长大后，他便只喜欢吃口感较软的食物，而不喜欢吃口感较硬的食物。

2. 受家长饮食习惯的影响

在与孩子朝夕相处的日子里，父母的饮食习惯常常会在无形之中影响孩子，导致孩子形成跟父母相似的饮食偏好。比如，有的父母特别爱吃肉，很少吃青菜，受此影响，孩子也会形成这种习惯。

3. 过多吃零食

生活中的很多零食都添加了太多的人工香精，口感明显要比普通食物好，这会导致孩子无法抵抗诱惑。如果父母过于娇纵孩子，那么，他们在吃了一堆糖果、点心后，对普通的饭菜就会变得挑剔起来。另外，零食给味觉带来的冲击和愉悦体验也是普通饭菜无法比拟的，因此，总吃零食的孩子必然会觉得普通食物不够"美味"，从而变得愈发挑食起来。

4. 家长过分迁就

有的家长过于宠爱孩子，只要孩子高兴，就会无条件地满足他们的要求。如果孩子不爱吃绿叶菜，只爱吃肉食，家里的饭桌上就会很少出现绿叶菜。长此以往，孩子的挑食问题自然也就越来越严重了。

二、如何改变孩子的偏食、挑食现象

父母要以身作则，不偏食，不挑食。在孩子吃饭时也绝对不要批评他，以免孩子因为情绪不快影响进食。

另外，父母要多在饭菜品种的多样化、多变化及合理搭配上下功夫。比如，孩子不喜欢吃蔬菜，特别是对清炒的蔬菜不感兴趣，那么，父母就可以放弃清炒，尝试爆炒或者糖醋的方式试探孩子的口味。或者，也可以在调料中有所变化，比如，凉拌蔬菜时在里面加一点番茄酱，既可以调节口味，又能够给孩子补充身体成长所需的多种营养。改变食物外形也是不错的方法，孩子总是容易被形状和颜色有所不同的物体吸引，所以，如果孩子拒绝吃蔬菜，那么，就可以用食物在盘子里"作画"，比如，用芹菜做树干，用西蓝花做树冠，用胡萝卜做果实，用西红柿做太阳，孩子看到这样一幅"美景"，自然会趁着新鲜和好奇吃下去。

在教养孩子时，父母应严守底线不放纵。当孩子开始表现出对某种食物的厌弃时，父母坚决不能承认这种行为的"合理性"。因为，如果孩子不喜欢什么食物，父母就不再给他吃，孩子就会以为这种选择是他本身所具有的合理权利，慢慢大人就会发现，孩子不喜欢吃的食物会越来越多。对于孩子喜欢的食物也是同理，爱吃的食物可以适当多吃些，但一定要有所控制。

孩子吃饭慢吞吞，怎么办

从小到大，叶子吃饭都是慢吞吞的。小的时候，是东张西望不专心，现在呢，虽然专心了许多，但是一口饭含在嘴里总是慢吞吞地不停嚼，好久也不咽下去。如今已经升入小学的叶子，每天还是处于吃饭慢的状态，别的小朋友早就吃完了，她还端着大半碗饭细嚼慢咽呢。

孩子吃饭慢，是一个困扰很多家长的问题。那么，面对美食，孩子为什么总是慢吞吞呢？

孩子吃饭慢的原因是多方面的。比如，今天的饭菜恰好是孩子不爱吃的，他不感兴趣，不想吃。或者，孩子上一餐吃得太饱了，这餐肯定就吃不下去。再或者，父母对孩子过于骄纵，零食不断，到了饭点儿，孩子就吃不下去了。

可是，如果孩子吃饭慢是经常性的，而不是偶然为之，父母就要从以下角度考虑问题了。孩子的手眼是否协调？孩子的肠胃是不是有问题，消化能力差？孩子的牙齿是不是有问题，上下颌咬合不紧密？如果排除了生理上的原因，父母就要考虑，是不是孩子专注力差，总是边吃边玩儿，需要父母不断从旁督促才能吃得进去？孩子是否运动量不够，影响了正常消化？父母是不是总是觉得孩子吃得越多越好，总是给他们盛太多饭？孩子是不是将好好吃饭当成了要挟父母的资本，平时故意吃得很慢，以便父母在要求他快点儿进食时提出自己的要求？家人在饭桌上是不是说笑太多，使得孩子总是将注意力放在听大人说话上，而忘了吃饭？

可见，从生理、心理、教养和成长环境来看，孩子吃饭慢的原因是多方面的。要想让孩子提升吃饭速度，建议从以下几方面入手。

首先，要对孩子的身体进行科学评估，如果孩子吃饭慢吞吞是因为生理因素，就要及时就医解决。

其次，要提供宽松的用餐环境。用餐时关掉电视、iPad 等可能影响注意力的东西，可以播放些轻音乐，让孩子保持心情愉快。当然，父母也千万不要将负面情绪带上餐桌，以免就餐氛围变得紧张起来。

再次，合理安排孩子的用餐时间。对于吃饭慢的孩子来说，他如果是最后一个端起饭碗的，那他肯定会是吃得最慢的一个。为了维护孩子的自尊心，妈妈在盛饭时，可以先让孩子吃，用此方式来增加孩子吃饭的热情。

第四，孩子如果吃饭慢，每次给他盛饭的时候就不要添太满，哪怕最后要多添几次也不怕。在孩子吃完"一碗"后，可以故意夸奖孩子"这么快就吃完一碗饭了！"然后再给他盛"一碗"，就能极大地消除孩子视觉上的恐惧感，提升孩子的自信心。

客观理智地告诉孩子：吃饭时要有规矩

场景一

"妈妈，我饿了，要吃饭！"

"好，你先吃！"别人还没动筷子，妈妈就把炒好的菜放到女儿面前，任由女儿挑拣爱吃的饭菜。

场景二

孩子爱吃肉，于是，他便用筷子在菜盘里翻来倒去，把肉统统夹起来吃掉。

场景三

孩子胃口好，吃饭时狼吞虎咽，嘴里像小狼似的发出"吧唧、吧唧"的声音。

场景四

孩子喜欢边吃边玩，一会儿玩勺子，一会儿玩饭菜，每餐饭下来，餐桌上就像车祸现场，惨不忍睹。

吃饭是一个人成长发育过程中最为重要的事，可是，当大多数父母把目光聚焦在孩子吃不吃、吃什么最健康、吃了几顿饭、吃了哪几样食物，并尽其所能地想让孩子多吃饭、吃好饭，而忽略了"如何吃"时，这对孩子身体健康也会产生较大影响，且关乎孩子礼仪和未来发展的重要方面。

餐桌上到底应该有怎样的规矩呢？对于 6 岁孩子，必须遵循以下规则。

1. 饭前洗手。

2. 坐在餐桌前，脚要放好，身体尽量直立，与桌子保持适度距离。

3. 吃饭时眼睛要看着碗，一手拿勺（或筷子），一手扶着碗，不能拿玩具等多余的东西，也不能看着电视吃饭。

4. 保持桌面和地面的干净整洁，尽量不把食物掉落在桌子上，如果不小心掉落，要及时收拾，扔到垃圾桶里。

5. 用餐时要专心，注意力集中，不能叽叽喳喳说话。

6. 吃饭时要大口大口地吃，不能把一口饭含到嘴里大半天都不咀嚼一下。咀嚼食物时，尽量缓慢、细致，同时紧闭双唇，避免发出多余声音。

7. 不可以挑食，更不能在盘子里翻来翻去只捡自己爱吃的。

8. 不能剩饭，吃不了就少盛。吃完饭后，将饭碗轻轻放在桌子上，然后自己去洗手，并用毛巾擦干净嘴巴。

明确了这些就餐时应有的规矩后，父母又该如何引导孩子去遵守呢？

巧妙比喻和适度夸张

在孩子的世界里，万事万物都是有生命的，如果父母能巧妙运用这一特性，将吃饭这件枯燥的事情变得生动活泼起来，孩子自然就能在娱乐中严守规矩。比如，针对孩子吃饭不专心，吃饭慢，父母可以假装说："我看看谁吃饭快，吃饭快的就是大老虎哦。"同时，假装在家庭成员中间看啊找啊，同时嘴里说着："嚼啊嚼啊，我看看谁是大老虎。"以催促孩子集中注意力，不断咀嚼。

父母要做好榜样

我们反复强调父母的榜样力量，试想，如果父母在吃饭时细嚼慢咽、不多话、不偏食，同时又能够做到勤俭节约，不剩饭、不浪费，孩子自然会在这种气氛的长期感染下，在潜移默化中形成良好的进餐规矩；相反，如果父母在饭桌上狼吞虎咽，聒噪大笑，想吃什么就只管自己吃，不想吃的东西碰都不碰，这又怎么能为孩子树立良好榜样呢？

3. 口腔问题

6 岁的孩子开始断断续续换牙了

"妈妈，快来看，我生病了！"

这天的清晨，是以儿子恐惧的啼哭开启的。

"怎么了呢？"爸爸妈妈不免一惊。

再看儿子，边捂着嘴哭，边把手里那颗小小的牙齿展示给爸爸妈妈看。

"原来是掉牙了啊！"爸爸笑着说"，每个孩子长到六七岁的时候，都会脱去乳牙，长出新牙。不要怕，这不是说明你得病了，这恰恰说明你又长大啦！"

儿童第一颗生理乳牙的脱落，多数发生在 6 岁左右。

人的一生中都要长两次牙齿。出生后 6～8 个月，乳牙开始萌出，2～3 岁长齐。6 岁左右，乳牙逐渐脱落，恒牙开始萌发，12～13 岁长齐。

当然，也不是所有孩子都能在 6 岁的时候换牙，有的孩子早到 4 岁多，还有一些迟至 7～8 岁才会出现。但是，从科学教养的角度来说，这两种情况都不太好。孩子换牙过早，通常是因为外伤或牙齿疾病，比如龋齿、牙龈炎等，所以，当孩子太早掉牙时，妈妈一定要搞清楚究竟是什么原因造成乳牙早脱，以保护剩余的乳牙。而太晚换牙呢，父母就应该带孩子去口腔医院进行检查，可能是孩子身体内部出了问题，比如恒牙先天缺失等，必须经过医生的临床检查之后才能够确定。

那么，在孩子换牙的时候，父母要注意哪些事项呢？

首先，父母要时刻关注孩子乳牙的脱落和恒牙的生长情况，定期带孩子看牙医，以便随时发现和解决问题。

另外，换牙期间，父母要特别注意孩子的口腔卫生，督促孩子每天刷牙，特别是晚上临睡前的那一次，最好由大人帮忙刷，因为上排牙齿很难清洁，6颗磨牙也不容易刷干净，刷干净牙齿，是对新牙的有效保护。

在饮食上，换牙期间，父母要多给孩子吃含纤维素高，同时又具有一定硬度的食物，比如苹果、胡萝卜、玉米等等，同时通过咀嚼运动，牵动面部眼周运动，加速血液循环，促进牙齿、颌骨和面部肌肉的发育，还能促进乳牙的按时脱落。另外，父母也要多给孩子提供钙质高的食物，比如牛奶、豆腐、罐头鱼等，并增加维生素 C 和维生素 D 的补充，以有效促进钙质的吸收。

在孩子换牙期间，父母还要注意纠正孩子的不良生活习惯。比如吐舌、咬舌、咬手指头、舔牙等等，这些坏习惯都可能导致新牙畸形。此外，用口呼吸也应该尽量避免，当气流从口腔通过时，会影响到上颌和上牙弓的发育，导致门牙前倾，甚至出现牙齿排列错乱、龅牙的情况。

一定督促孩子早晚要刷牙

孩子成长发育时期，牙齿的好坏，会直接影响身体健康和面部发育，因此，重视口腔卫生，预防口腔疾病，对孩子的健康极其重要。

家长一定要培养孩子早晚刷牙的习惯，早晚刷牙，一方面可以保持牙齿洁净，另外，也可以保证口气的清新。但是，很多家长只注重让孩子早上刷牙，对于晚上刷牙，却不甚注意，这其实是非常不科学的。实际上，晚上刷牙比早上刷牙更加重要。

　　研究证明，人入睡之后，由于口腔内部处于静止状态，随着唾液分泌的大量减少，口腔内的冲刷作用减弱，此时，如果食物残渣仍滞留在口中的话，会导致微生物的大量繁殖。因此，睡前刷牙，便可将口腔内的食物残留和细菌清洁干净，使口腔在漫长的夜间都能处于清洁状态，这对预防龋齿、牙周病，有非常关键的作用。

　　当然，除了早晚刷牙之外，父母也要督促孩子，每次餐后，都尽量用清水漱口，这也能从很大程度上清洁牙齿，防止食物残渣在口腔内部的长久停留。

正确的刷牙步骤和方法

　　讲了刷牙的重要性之后，下面，我们就为父母详细介绍一下刷牙的正确方法和步骤。

　　刷牙的时候，一定要刷到牙齿的三个面，即内侧面、外侧面，以及水平咀嚼面，还要特别关注后磨牙（舌侧面）和上磨牙（颊侧面）的清洁，因为这些地方是刷牙的时候特别容易遗漏或者清洁不到位的。

　　父母可以按照这样的步骤引导孩子深度清洁牙齿。

　　步骤一：清洁上下排牙齿的外侧面——把牙刷斜放在牙龈边缘的外侧，两三颗牙为一组，上下来回移动牙刷，力度要适中。

　　步骤二：进一步清洁上下牙齿外侧——将横刷、竖刷结合，旋转画圈，即上牙画"M"形、下牙画"W"形。

　　步骤三：清洁牙齿内侧——重复以上动作。

　　步骤四：清洁门牙内侧——牙刷竖直放置，从牙龈刷向牙冠，力度适中，上下牙齿相同。

　　步骤五：清洁咀嚼面——把牙刷放在咀嚼面上前后移动。

　　注意每次刷牙必须兼顾牙齿的三个面，即颊、舌、咬合面。每次刷牙要认真仔细，不得少于3分钟。

　　除了科学的刷牙步骤之外，对于刷牙的必须装备——牙膏和牙刷，爸爸妈妈的选择也必须科学细致。

在牙膏的选择上，可以选择专为儿童设计的食品级可吞咽牙膏。

对于牙刷的选择，首先，刷毛要软，刷头要小，这样才能够保证孩子的牙齿得到最大面积的清洁，特别是里面的牙齿；其次，牙刷面要平坦，刷毛的顶端最好为圆体形状，以免刮伤孩子的牙龈。再次，选择刷柄较硬的牙刷，以最大限度锻炼肌肉运动技巧。另外，成人牙刷是绝对不适合孩子使用的，一来，成人牙刷刷头太大，孩子用起来不舒服；二来，成人牙刷的硬度，也可能对孩子的牙齿和牙龈造成损伤。

每半年至一年须带孩子做定期的口腔检查

明年才上小学的小泽小小年纪就深受龋齿之苦，牙齿还没换完，就已经拔掉两颗牙齿了。

根据我国家庭调查显示，约有 77% 的 6 岁孩子，都患有龋齿。这一数据与西方发达国家，特别是北欧国家形成鲜明对比，在这些国家，70% 的 6 岁孩子，牙齿都十分健康。

为什么我们国家的儿童龋齿发病率这么高呢？这是因为，一方面，很多孩子不能很好地配合刷牙，而且甜食的进食频率特别高（包括奶粉等）；睡眠时间长，唾液的冲刷时间短，便很容易造成口腔细菌滋生。此外，还有一个关键因素，就是大多数中国父母都认为孩子在换牙之前没有看牙医的必要，即使孩子牙齿不好，也都觉得这不是什么大问题，只要将来换了牙就好了。

其实，家长非常容易忽视的一个问题就是儿童龋齿。儿童的神经系统发育还不成熟，牙神经发炎或患有虫牙时，通常没有症状，家长难以发现，很难做到家庭的自我检查。所以，牙科专家建议，儿童从 1 岁开始，父母就应该定期带他们到医院进行口腔检查，而且一年不得少于两次，直到恒牙全部长出。

定期检查牙齿，就可以实现龋齿的早发现和早治疗。儿童龋齿如果发现得早，比如初见症状的浅层龋齿，是可以通过对坏牙进行早期修复和填充进行有效遏制的，以免龋齿发展成危害更大的牙髓炎和根尖炎阶段。对于那些特别容易患龋齿的儿童，检查时间建议缩短到每3个月一次。

4. 排便问题

判断孩子便秘的参考标准

悠悠经常两三天才拉一次"臭"，但这似乎并没有对她的身体有什么坏影响，胃口从来没受到过影响，而且也很少叫唤肚子痛。悠悠妈妈不确定，女儿现在的状态究竟算不算便秘呢？

孩子是否便秘，其实并不是如我们通常所想的那样以排便频率为判断依据，父母应该对孩子"拉臭"的质和量进行总体观察，并结合对孩子健康的影响状况，综合评判。

孩子便秘参考标准

1. 大便干燥，量少，有时呈羊粪球状。

2. 大便难以排出，严重时甚至会出现肛门出血的情况。

3. 孩子经常叫嚷腹胀、腹痛。

4. 孩子食欲减退、易怒。

孩子便秘的应对方法

6岁小朋友精力好，运动量大，能量消耗多，大约每三到四个小时就需要补充能量。但是，小朋友的胃容量毕竟有限，为了避免孩子一次吃太多而对消化、吸收以及排便功能造成负担，建议父母把孩子每天的食物分为 3 顿正餐，配以 2 顿副餐。副餐要多选择蛋白质和能量高的食物，如花生、蜂蜜等既能够提供能量，又可以润肠的食物。如果孩子不爱吃这些东西，家长还可以将打磨碎的花生加少许燕麦或其他孩子爱吃的干果，冲水泡食。

除了食疗之外，为防止孩子便秘，父母还可以训练孩子排便的条件反射。具体方法是，早饭后，让孩子立即坐在马桶上，即便孩子没有立刻"拉臭"，也应当让他在马桶上坐 5 分钟。

孩子便后要学会自己擦拭

老师跟吾吾妈妈反应，说吾吾最近不在学校大便，让吾吾妈回家多注意一下孩子的肠胃。吾吾妈很纳闷儿，因为儿子每天一回家，都是火急火燎地去"拉臭"。妈妈问吾吾为什么每天要把"臭"憋到回家拉，开始的时候，吾吾不说，后来，他才说老师教小朋友拉完臭后自己擦屁股，他不会，又不敢让老师擦，就只好憋着回家拉。

拉完大便擦屁股，这对成人来说是多么简单的事，可是，对孩子来说却可能很难。很多家长反映，孩子不愿意在学校"拉臭"，除了害羞、不习惯等心理原因之外，还在于部分 6 岁孩子根本不会自己擦屁股。看来，擦屁股这件小事，还真是值得好好学习一下的。

最关键：让孩子学会如何折叠卫生纸

擦屁股之前，教孩子如何折叠好卫生纸，厚度和面积足够大是必需的，这样才能保证手指的干净。另外，父母还可以通过让孩子擦桌、盘、碗、脸、手、鼻等训练，让他提升擦的能力。

理念灌输：让孩子懂得什么是干净

父母必须让孩子懂得干净的概念，结合生活，将干净当作一项课题对孩子进行讲解。

模拟训练：熟能生巧的第一步

可以把大米粥涂在玩具娃娃的屁股上进行模拟训练。让孩子从折叠卫生纸做起，然后试着去擦，遵循"从前到后"的原则，擦一次纸巾小心折叠一次，一张纸巾折叠好几次仍没擦干净，就换一张新的卫生纸继续擦，直到纸巾上没有痕迹为止。

实战练习：从陌生变为一项"技术活"

在孩子"拉臭"之后，指导他自己擦屁股，按照模拟训练的步骤，先折叠卫生纸，然后擦一下，叠一下，重复，换纸，直到干净为止。当然，这项技术活不可能一蹴而就，所以，在确保孩子能自己擦干净之前，先和孩子约定，他自己擦完之后，允许家人进行检查。当然，即便孩子擦得不干净，不经意地给他擦干净就好，千万要衷心地赞扬他能干，以保护孩子的自尊心。

不能忘的一步：便后冲水

只有擦干净屁股并完成冲水，才能称得上是一次完整的如厕过程，所以，这个步骤的教导千万不能省略。无论是冲水马桶还是蹲厕，都要孩子独立完成冲水，这样，才能在锻炼孩子自理能力的同时，提升他们的责任心。

让孩子养成饭前便后勤洗手的好习惯

灵子是个特别爱干净的小女孩，平时在学校里，还经常督促小朋友洗手、漱口，她经常挂在嘴边的一句话是："妈妈说，勤洗手才是 good girl。"

3～6岁，是孩子养成良好行为习惯的关键时期，"饭前便后要洗手"，也是父母必须要 6 岁孩子培养起来的一个习惯。

孩子勤洗手，能有效预防红眼病、腹泻、呼吸道感染等疾病，这对孩子的健康成长至关重要。那么，父母该如何让孩子养成勤洗手的好习惯呢？可以从以下三个方面入手。

让孩子实实在在看到自己的小手有多脏。当爸爸妈妈发现孩子不懂、不爱洗手时，可以故意瞄准时机，在孩子手特别脏的时候，引导孩子看他手上的污垢，甚至可以直接让孩子看细菌在显微镜下的照片，以增强视觉冲击力。让孩子知道，不洗手的时候，手上那么多"小虫虫"是多么的可怕。

帮孩子分析不经常洗手的可怕后果。爸爸妈妈可以告诉孩子，一个不爱洗手，手上总是沾满各种污垢和细菌的小朋友，不会有人喜欢。而且，不勤洗手的话，细菌就会住在手上，吃东西的时候，细菌就会跟着水果和食物，进到我们肚子里，从而引起生病、肚子痛。要是我们用不干净的手揉眼睛、抓脸蛋的话，眼睛可能会痒、会变红，脸蛋则可能长起小疙瘩，我们就会觉得非常难受。

如果爸爸妈妈发现孩子主动洗手，那说明孩子的卫生意识正在悄悄生长，要及时给予鼓励和表扬，以强化他的好行为。

平常，爸爸妈妈在引导孩子洗手时，可以采取一些小窍门。比如，很多儿童肥皂和毛巾从造型到颜色都十分精致可爱，让孩子自己挑选喜欢的肥皂和毛巾，以增强孩子对洗手的兴趣度。如果爸爸妈妈每天都能和孩子一起洗几次手，久而久之，孩子自然就会把洗手看成是一件很重要的事情。当然，假如爸爸妈妈教孩子洗手或者一起和孩子洗手的时候，能够边洗边教孩子背诵儿歌，时间以 10 ～ 15 秒为宜，孩子就会更加开心地洗手，同时也能够从很大程度上避免不认真洗手、敷衍了事的行为。

5. 日常起居问题

养成规律的洗澡时间

最近，一位妈妈经常因为孩子的洗澡问题而苦恼。

她说，她要求儿子每天晚上必须在8点钟洗澡，可儿子根本不听，每到8点，总会以"稍等一会儿""再看十分钟电视""今天能不能不洗"之类的理由反复拖延。搞得每天都没办法按时睡觉，而且还经常掀起母子大战，她很想知道，到底该如何才能让儿子按时洗澡呢？

要想让6岁孩子能够依约定按时洗澡，并形成规律，秘诀就在于，在孩子准备洗澡的时候，赶紧表扬他！比如，规定8：00洗澡，如果孩子在7：55分的时候离开电视提出该洗澡了，妈妈就该及时地进行表扬。即使孩子是在大人的催促下才去洗澡，表扬也一定不能省略，一定要大力地对孩子进行表扬。

大多数不能按时洗澡的6岁孩子，其实都是因为被其他事情分散了注意力，像上述案例中，这个孩子就是在洗澡与看电视、玩耍和懒惰的争夺中，让其他事情占了上风。所以，在洗澡时间临近时，就需要父母及时进行引导，尽力将洗澡变得有趣起来。比如，规定8：00洗澡的话，在7：55分的时候，妈妈就要适时地提醒孩子："还有5分钟，就该洗澡了哦"，并且，记得给洗澡增加一些趣味性——"老师说你今天在班里帮助小朋友了，到底怎么回事儿，妈妈没有听清，一会儿洗澡的时候你一定要讲给妈妈听呦。"

而且，想让孩子培养好习惯，父母就一定要养成好习惯，在约定该干什么事情的时间，就干什么事情。比如，如果孩子7：55分的时候想起要洗澡，可是，妈妈却还在看手机，孩子就会认为妈妈一直在忙自己的事情，就会想："要不我再玩会儿玩具吧。"于是便拿过机器人摆弄起来。这时，妈妈把注意力从手机上移开，发现孩子还没去洗澡，便立即催促："怎么还不去洗澡！""到了洗澡时间，你怎么还在这儿！"其实，这种做法是非常错误的，因为不管是需要妈妈陪着一起洗澡的小孩，还是已经可以独立完成洗澡的小学生，这时，心里都会因为委屈而对洗澡心生厌恶。

怎么纠正"起床拖延症"

作为"起床困难户"，王欣每天早上都让妈妈操碎了心。

不管闹钟怎么响，也不管妈妈怎么咆哮，王欣总是赖在被窝里不愿意起来。有时即便已经醒来了，也还是磨磨蹭蹭，揪揪这个线头、拍拍那件衣服的，老半天都不能把衣服穿上。

就是因为这样的拖延，导致王欣上学经常迟到，爸爸妈妈上班也经常迟到。

对于像王欣这样的"起床困难户"，父母首先要判定，孩子是不是因为身体不舒服才不愿起床。如果真的是因为生病，那么所有的计划和任务都应该取消，让孩子好好养病，等身体恢复健康再去上学。但是，如果排除了这一项，孩子就是单纯的拖延和赖床，父母就可以用以下几招搞定。

拉开窗帘，让明媚阳光唤醒孩子

科学证明，全光谱的阳光能调节血清素和褪黑素在血液中的浓度，所以，当孩子的身体被温暖阳光照射时，身体自然会活跃起来。这时，轻轻抚摸孩子的身体，给他按摩一下，让他起来，比粗鲁的喊叫和拍打更容易让孩子接受。

食物的诱惑

如果孩子睁开眼睛，就已经能够闻到食物的芬芳，那么，孩子起床的动力必然能提高不少。而且，科学证明，食物的气味也能够刺激脑部，提高知觉机能，赶走睡意和疲劳。

看到孩子的微小进步，及时进行表扬

父母如果能从心底认定孩子快速起床根本不可能实现，这样，便很容易发现孩子的微小进步了。

比如，当你一早上喊了五六遍"赶紧起床，上学要迟到了"，孩子才恹恹地起来，你的心情一定已经被暴躁填满。但是，如果你从心底里觉得孩子根本不可能这么快就起床，那么，这样的暴躁是不是就根本不会存在呢？下一次，当你喊过 3 遍孩子就自觉起床，或者有时还能够提前 10 分钟起床，那你是不是就应该欣喜，更加能够看到孩子的微小进步而去表扬他了呢？

表扬和肯定是强化孩子好行为的有效手段。当父母在心底确定了一个"允许范围"，最大限度地降低对孩子的期望值后，父母就很容易心情舒畅，也更容易看到孩子的微小进步。只有抓住这个要领，父母才不会经常暴躁不安，也不再会抱怨孩子"你怎么就做不到呢"！

能及时抓住偶然机会表扬孩子的父母，才可能培养出主动型的孩子。

第十章

关于6岁孩子的

15个问题

在孩子的整个成长过程中，父母往往是像升级打怪一样，需要不断提升技能，以应对各种突如其来的挑战。这一章，我们就6岁孩子成长过程中经常出现的15个问题进行汇总，希望父母读过后，学到新招数，关键时刻，精准应对。

1. 孩子各方面能力跟不上，怎么办

　　6 岁的小安，已经上了半年学前班，过完暑假，就该上小学了。但老师反映，安安各方面的能力都很差，跟不上班里的其他同学。比如，上课走神，没办法集中注意力、手指心算不会算，就连教钢琴、舞蹈和书法的课外老师都在说，孩子的理解和认知能力似乎有些不足。

　　儿童的能力发展，在不同年龄段各有侧重。比如，1～3 岁是语言能力发展的关键期，5 岁之后，孩子的数学能力才开始萌生，音乐能力的培养也才可以进行，等等。

　　孩子在不同成长阶段，应为其安排这个年龄该有的游戏与活动。很多家长为了不让孩子输在起跑线上，孩子小小年纪，就被送进各式各样的培训班，钢琴、书法、舞蹈、心算不一而足，更有一些父母，甚至想方设法地想让孩子 6 岁前就进入小学。

　　其实，这一切努力，对孩子的成长都没有好处。拔苗助长的寓意大家都懂得，可一到实际生活中，许多父母却往往忘却了这一基本规律，而过分强调教育效果。

　　所以，学龄前的孩子还是应以玩耍为主，不要对孩子要求太多，否则，等到孩子产生厌学情绪，真正的麻烦事也就来了。

2. 孩子不愿去学校，怎么办

"妈妈，我不想去上学，今天能不能不去？"

等电梯的时候，一早上都不开心的嘟嘟终于又像昨天、前天、大前天那样，提出了同样的要求。妈妈心头不免一沉。

"妈妈不是跟你说过了吗？你不想上学，妈妈还不想上班呢，我们都能这么任性吗？"

"不能，妈妈要上班赚钱。"嘟嘟愣了一下，喃喃回答。

"那你能不能告诉妈妈，你为什么不想上学？"妈妈问。

"上学要早起，好冷啊，睡觉多好。学校里还有老师，有那么多不能做的事情……"

6 岁的孩子不愿意上学，通常有以下几类原因和解决措施。

焦虑

和父母分离、来自学业的压力，都会让 6 岁孩子感觉到焦虑。如果孩子能力有欠缺，一次次失败带来的沮丧，更会让这种焦虑加倍。

对于那些因和父母分离变得焦虑的孩子，家长必须在孩子入学前，就为他们做好心理建设，让他们知道，去学校不是和父母分离，而只是彼此间的短暂离开。也可以有意识地在家中对孩子进行训练，比如，告诉孩子，下楼扔垃圾，要离开 5 分钟。然后，将分离的时间逐渐加长——告诉孩子，去菜市场买菜，要离开半小时；去超市购物，要离开 1 个小时……但无论离开的时间有多长，父母一定要在和孩子约定的时间内返回，只有这样，才能获得孩子的信任。

对于那些因学业感到焦虑的孩子，父母的做法是，多肯定和鼓励孩子，而且不要经常把"别人家孩子成绩多好"、"别人家孩子又学会了什么"之类的话常常挂在嘴边。父母的要求不高，孩子便不用承受太大压力，不感到辛苦，焦虑也就自然而然地减少了。

怕老师

如果孩子经常抱怨老师"太凶""不喜欢我"，这时，就需要家长出面，找老师说明孩子的个性，最大程度地改善老师和孩子的关系。

不过，父母更重要的还是要培养孩子在困境面前积极乐观的态度，比如，可以找机会带孩子去父母工作的地方，让孩子看到自己的工作状况和辛苦工作的样子，以让他充分体会，坎坷和奋斗是生活的本来样子，不要因为一点儿小挫折就想要放弃。

寂寞

有些小朋友不喜欢上学是因为在学校没有朋友，总是一个人孤孤单单的，便不再愿意去"没意思"的学校了。

社交是一个人在社会上立足的应有技能，孩子社交能力不足，可能是由于本身性格腼腆所致，也可能是因为不懂如何进行社交，这时，就需要爸爸妈妈多创造一些社交机会，来改善孩子性格，提升他们的社交能力。比如，多带孩子参加学校组织的活动；全家外出就餐时，让孩子帮忙点菜或叫服务员；邀请孩子的小伙伴来家做客等等。

受欺负

有些孩子突然变得过分沉默或失去了信心，那他很可能是在学校受到了同学的欺负。父母首先要控制自己的情绪，然后找到老师说明情况并通过老师进行协调，缓解孩子之间的矛盾，最后，告诉孩子一些自我防范的技巧，鼓励孩子和平解决矛盾。

3. 孩子动不动就哭，怎么教育

念念是个文文静静的小姑娘，可脾气大得让爸爸妈妈没一点儿招数。她想吃蛋糕，蛋糕就必须放到她面前；她想要的玩具，爸妈就得立马买。否则，念念就会立刻撇嘴，大哭不止，不达目的决不罢休。

面对像念念这种性格倔强，而且习惯用眼泪来达到目的的孩子，父母与其怀疑孩子的性格出了问题，倒不如从自身出发，去反思一下自己的教育方式，是否孩子一哭闹就会满足所有条件。别小看了这些 6 岁的小人精，因为只要有过一次"成功经历"，孩子就会知道，父母很"害怕"自己哭，只要自己哭，就可以有效牵制父母，从而实现自己的所有愿望。

在这种情况下，父母又该如何让小家伙们了解，哭闹并不是表达诉求的科学手段，合理的言语才是实现愿望的可行途径呢？

对于哭闹中的孩子，父母要进行冷处理。不安抚，不规劝，给他一个独立空间，如果他们除了哭闹还喜欢丢东西，就还要保证这个空间的相对整洁，待他们哭闹完，平静之后再谈话。

留意孩子的哭闹时间，只要时间减少，就及时地给予孩子赞美，并适度达成孩子的愿望，当孩子能够做到不哭闹时，则可以完全满足其诉求。当然，一定要跟孩子强调，只要哭闹，绝不让步。

借助身边小朋友的事例，以及书上的故事，来引导孩子如何合理表达自己的需要，并且让他懂得，哪些要求是合理的，哪些要求则是在他这个年龄段坚决不能实现的，让他知道父母的底线。

在孩子提出要求时，父母也可以有意识地根据实际情况降低满足频率，让孩子尝尝失望的滋味。这样，孩子的急切愿望，就会成为他们努力的动力，同时，也可以成为约束他们行为的某些要素，从而逐渐培养起孩子的自制力与意志力。

4. 孩子经常出现攻击行为，怎么办

　　　我在沙发上和闺蜜聊天，儿子和闺蜜的儿子在卧室一起玩儿。

　　　突然，一阵撕心裂肺的哭喊打破了下午的寂静。我和闺蜜急忙冲进那间屋子，只见儿子正死死咬着小哥哥的胳膊，小哥哥呢，一边用力推他的脑袋，一边声嘶力竭地大声哭号。

　　　这并不是儿子第一次伤人，最近，这样的攻击行为经常存在。那天，他把小区里一个不认识的小朋友一把推坐在地上，昨天，老师还告状，说他在学校跟小朋友打架了。

　　儿童的攻击行为，多在两个年龄段达到高峰，第一个是 3～6 岁，第二个是 10～11 岁。在性别上，男孩以暴力攻击居多，女孩以语言攻击为主。

　　可见，出现攻击行为，是儿童成长过程中的一个必经阶段。当孩子进入到这个阶段，父母该以何种方式来应对这频频发生的攻击行为呢？

　　让孩子为自己的行为负责

　　如果孩子打了别人却没有受罚，打人行为便成了对孩子的"鼓励"，他不会觉得打人有什么不对，而且会在争夺权益时，频频使用暴力。为避免这种情况的出现，就需要父母"下狠心"，一旦孩子出现攻击行为，不管程度如何，父母都要及时制止，并让他为自己的攻击行为去道歉，求得对方原谅。或者，对他们的行为冷处理，把他们关在自己的房间进行反思。这样，孩子才能知道打人是错误行为，犯错了，就会受到惩罚。

创造文明健康的家庭生活环境

实践证明，在良好家庭气氛中成长、得到父母高质量陪伴的孩子，攻击行为会明显减少。为孩子创造一个健康文明的生长环境就显得尤为重要，而且，父母还要为孩子提供适宜的玩具，给予他宽容，让他自由自在地成长，同时，也要避免孩子接触有暴力镜头的动画片、有打斗场景的游戏，大人也尽量不要在孩子面前使用暴力语言。

教孩子正确宣泄情感

每个人都有负面情绪，孩子也是如此。烦恼、挫折、愤怒，当孩子被这些情绪控制时，就很容易衍生攻击行为。因此，父母要教会孩子正确宣泄情绪的方式，比如，教会他们倾诉，给孩子养小动物教会他们友善等等，这些措施，能够从很大程度上减少孩子的攻击行为。

5. 孩子心思不在学习上，怎么办

宋宋在学校里有个外号，叫"猴精"。

这个外号，跟宋宋在学校的表现，完全贴合！老师上课，宋宋在座位上东张西望；老师教大家背诗歌，他混在同学中摇头晃脑做鬼脸；老师领大家跳舞，宋宋更是像只猴子一样上蹿下跳……"猴精"宋宋活泼开朗，聪明灵动，但他所有的聪敏，没一点儿用在学习之上。

想要培养孩子的学习兴趣，以下思路，可以提供给父母作为参考。

每个孩子都有特长，家长可以根据孩子的优点、特长或是兴趣，来培养他们的学习兴趣和毅力。比如，像宋宋这种活泼好动的孩子，想让他像别的孩子那样安安静静地坐在那里学习，似乎不太可能，那么，不妨把学习搬进科技馆、博物馆、动物园，让他在这些地方将自己的兴趣全部释放。

除此之外，父母的榜样作用在培养孩子学习兴趣上也同样重要。言传重于身教，如果父母本身热爱学习，这对孩子也将是莫大鼓励。在学习氛围浓郁的家庭中成长起来的孩子，往往在学习方面有更多兴趣，那么，父母不妨也多多拿起书本，多看、多读、多思考，让孩子从你身上理解和学习好学的精神。

当然，在培养孩子学习兴趣时，父母还要投入耐心。6岁孩子多动好玩，这是天性所致，所以不要急于求成，以免物极必反。不要放弃每个可以对孩子表达肯定和赞美的机会。孩子取得任何成绩，都要让他相应地感受到喜悦，他因为成功而快乐，下次，就会照样再去做的。

6. 怎么让孩子控制自己的行为

6岁的晨晨正玩得起劲。

妈妈说："宝贝儿，该睡觉了，快来洗脸吧。"

叫了好几遍，晨晨都不理，妈妈有些生气了，走过来一把夺过他手里的玩具，把他拉向浴室。晨晨不愿意了，赖在地上号啕大哭。

孩子自控能力差，多半不是孩子的错，即便有些孩子天性好动、好奇心强，做事没有常性，容易被诱惑，但家长的教育方式，才是孩子自我控制能力养成的关键因素。

孩子的自我控制能力是逐渐发展的，不要指望孩子一下就能听进你讲的道理，想让他像成人那样始终严格控制自己，则更是天方夜谭。父母对孩子的期望一定要合理，如果家长提出的要求明显超出了孩子的能力范畴，孩子做不到，家长就生气，这便让家庭教育陷入了死循环。所以，家长千万不能根据自己的需要和想法，对孩子下达命令并期望孩子立即执行，即便是符合孩子能力范畴的要求，也最好能够明确表达，而且给予孩子预告和准备的时间。

比如，案例中的晨晨，妈妈就可以提前 10 分钟提醒儿子："晨晨，还有 10 分钟就该睡觉了，小士兵，请做好准备，10 分钟后，我们收拾玩具，洗脸刷牙，准备上床。"这样，亲子间的冲突就能够大大减少。

7. 孩子不愿意听父母说话，怎么办

西西一向特别喜欢玩水，每次洗澡，就抓着喷头不撒手，还动不动在大人不注意的情况下打开水龙头，拿玩具在水池子里到处拍打，弄得满浴室都是水。

"西西，你不能玩水！"

"西西，水龙头不是你的玩具，不能动不动就去开！"

……

对于这些，妈妈不知道提醒了多少遍，但事实证明，西西根本不愿意听，也似乎完全没有听见。这天，在厨房做事的妈妈听见客厅玩耍的儿子发出一阵阵开心的笑声，她忙着做饭，也没太在意。过了一会儿，就听儿子大声地喊："妈妈快来，发洪水了。"妈妈出去一看，原来，儿子早就不在客厅，而是在浴室拿着喷头对着墙喷，不仅浴室里一片汪洋，流出的水也已经灌进卧室了。

这样的场面想必很多父母都不陌生，对于精力充沛、爱动爱玩儿的6岁小鬼，无论多么好脾气的父母，在被他们气得发疯时，也会脱口而出这样的话语："你看××多老实！""听话！你这个孩子怎么就不听话呢！"

孩子为什么不愿意听我们的话？除了一味责怪孩子不懂事之外，父母是不是也该反省一下，是不是自己对孩子的指示太多太频繁，使得孩子有些晕头转向？是不是自己的要求有些不合情理，孩子无论多努力也无法实现？而对那类习惯性不愿意听父母在讲什么的孩子，你要考虑一下，是不是因为父母的底线总在不断变化，他们了解父母的忍耐程度，知道不对父母的话做出反应也没有关系。

在明白孩子"不愿意听大人说话"的原因之后，父母可以尝试使用以下办法，这些办法已经被实践证实是非常有效的。

1. 指示要明确、易懂。

2. 要求要具体，比如让孩子准备碗筷，要求要具体到拿几个碗、几根筷子出来。

3. 给予孩子的指示每次不超过两个，等孩子完成后，再提新要求。

4. 如果你不想被孩子拒绝，就不要给予他选择，而要用果断却不蛮横的口吻做指示。比如："我敢说我数到50，你就要把剩下的饭吃完。"

5. 让孩子听到你讲话。孩子专注于玩耍的时候，可能听不清你的话，甚至完全听不到你在说什么。为避免这种情况，你在对玩得起兴的孩子交代要求时，一定要站在他正前方，蹲下身子把他的身子立正，让他平视你，并让他把你的话重复一遍。这样的做法在对待容易走神的孩子时也同样有效。

6. 说到做到。父母在对孩子提出要求后，一定要在事后检查孩子的完成情况，这样，孩子就不会再把父母的话当耳旁风。当然，父母一定要避免对孩子提一些不合理的要求。

8. 孩子老吃衣服，怎么纠正

这学期开始，牛牛一直喜欢的一个年轻老师调走了，换来了一个总是表情严肃的老师。牛牛爸爸的生意也出现了一些问题，妈妈和爸爸经常因为乱七八糟的事情发生争吵。最近妈妈发现，只要学校和家庭氛围变得紧张，已经 6 岁的儿子便开始像两三岁的孩子那样又吃起衣服，吸起了手指。

小孩吃衣服、啃手指，是发育过程中一种非常常见的行为，许多孩子都会有，在 5 ～ 6 岁时会自动消失。但是，如果已经抛弃这些行为的孩子又捡拾起了旧毛病，继续像个两三岁的孩子那样吃衣服、吃手、咬指甲，父母就要注意了，是不是最近有什么变动让孩子焦虑、紧张，因而出现了吃衣服这样的行为问题。

此时，父母最需要做的，是诱导孩子说出情绪上的焦虑与紧张，然后，给予孩子充分的理解、爱以及自由，在此基础上，引导孩子纠正不良习惯。

另外，吃衣服还有可能是孩子在口唇探索期内，吮吸的需求没有得到充分满足造成的。如果属于这种情况，父母除了应给予孩子更多耐心外，还可以拿一些孩子喜爱的零食代替衣服，以满足孩子的口腹之欲。

9. 孩子丢三落四的毛病，怎么纠正

　　6岁的元元已经上了小学一年级，可妈妈的操心，依然没有减少。

　　元元丢三落四的毛病很严重，她丢了多少玩具，谁都数不清楚；昨天放学回家，元元的水壶不见了，问他哪里去了，他也想不起来究竟是落在了教室还是随手丢到了哪里；早上上学，两个人都坐到车上了，妈妈才发现儿子又忘记带书包了……诸如此类的例子数不胜数，妈妈为此特别发愁。

　　丢三落四的孩子并不鲜见，孩子之所以会出现这样的毛病，除少数属于注意力障碍和个性原因之外，归根结底是父母的关系。

　　在孩子还小的时候，做事总是笨拙混乱没有条理，父母没时间等待，就为孩子准备一切以节省时间。而且，很多父母也觉得，爱孩子，就是要为孩子做所有事。所以，很多爸妈为孩子包办一切，为他穿衣叠被、为他整理物品、为他喂饭喂水，为他做可以做到的一切……这样的做法不仅没有帮到孩子，反而剥夺了他们的成长机会，在习惯于被安排和打点好一切之后，需要独立时，孩子自然就容易丢三落四了。

　　在日常生活中，父母也没有注重孩子良好习惯的养成。丢了玩具、没了水壶，没关系，再重新买就好了……家长对孩子的很多小毛病都是睁一只眼闭一只眼，对物质生活的完全满足又让孩子对自己拥有的不甚珍惜。丢三落四看似是个小毛病，往深究却是关乎责任感的大问题，可能对孩子一生产生深重影响。

　　心理学中有个"100%理论"，是说如果所有事都是妈妈做，那么孩子就不用做了。如果父母完成80%，孩子自然就会去做剩下那20%。而如果父母只做20%，那剩下的80%孩子也有能力做，而且他们的潜力也能爆发

80%。

　　这就是说，如果父母总是一手包办孩子的所有事情，孩子就失去了难得的体验生活和成长的机会，其潜力也就得不到有效开发。

　　"授之以鱼不如授之以渔"，父母其实大可交还孩子自己做事的权利，然后从旁协助，指导孩子做事的顺序和条理，比如事前的准备、先做什么、后做什么等等，培养孩子良好的生活习惯。同时，在孩子丢了东西时，父母也不能一脸不在意，而应该要求孩子为自己的疏忽买单。丢了铅笔？丢了水壶？可以再买，但是，一定要在家长先行垫钱买单之后，用零用钱或者家务分期偿还。如此的恩威并施，孩子才会慢慢变得能干，条理性、责任感越来越好。

10. 爷爷奶奶非常溺爱孩子，怎么办

　　铠铠是被爷爷奶奶宠大的"宝"，在家里无时无刻不体现着他的特权。

　　比如吃饭，饭菜上桌，看到自己爱吃的，铠铠会张开小手连整个盘子都护住："这都是铠铠的，你们都不许吃！"如果是自己不爱吃的食物呢，他又会发号施令："铠铠不吃，你们也不能吃！"

　　对于这样的事情，祖父辈的人肯定会觉得稀松平常："我家宝贝儿爱吃，当然要先让着他吃！"而对于很多父母，却并不这么考虑问题："孩子必须从小坚韧、谦逊，长大才能够抵御艰险，待人处事也才能不飞扬

跋扈。"

由于出生和成长环境的差异，两代人在养育孩子的问题上自然也各有侧重。比如，老一辈希望为孩子提供完全富足的物质条件，并满足他们身体和精神的所有需要，让孩子陷入纵容中；而年轻父母则更注重孩子智力培养和个性发展，希望在孩子成长过程中多给予他们自由，并赋予他们探索的勇气和精神。

面对这样的差异，两代人最重要的是平心静气地沟通。年轻人多理解老人，老人多接受新思想、新知识，只有统一认识，两方之间建立理解和谅解，才能减少摩擦，并在孩子面前不暴露分歧，以防止他们利用分歧要挟父母或祖辈，造成更多问题。

如果分歧发生，父母首先要尊重老人，接着再指出孩子的错误，才能保证家庭环境的和谐。

同时，祖辈与父辈两代人在教养孩子时，要坚决理智，深爱而不溺爱，爱得从容，爱得适度。要严守爱与规则的界限，没有规则的爱不能使孩子获得好的发展，没有规则的环境也不能给孩子成长赋予足够的安全感。此外，孩子本质上是独立个体，无论父辈还是祖辈，都要冷静看待孩子的成长，不将他看成任何人的附属，给予其自由、赋予其权利，让他自己选择自己要走的路。

另外，年轻父母千万不能以忙碌为借口，把对孩子的抚养和教育，全权委托给祖辈。尽管相比忙碌的父母，孩子跟祖父母在一起能被照顾得更为周全，但如果父母长期忽视与孩子的相处，孩子的心理就会受到影响。现在，这种和父母生活在一个城市，却很少能与父母相处的孩子，被称作"城市里的留守儿童"，和真正意义上的留守儿童一样，他们因为太少与父母相处变得缺乏安全感、内向和自卑，也可能为了获得父母的关注，出现很多问题。

11. 孩子不承认错误，怎么办

    妈妈收拾好厨房出来，发现原本放在茶几上的手机屏幕碎了。

    她看向在一边看电视的儿子，问道："你动我手机了？"

    "没有。"孩子的表情坚定。

    "那屏幕怎么碎了？"

    "我没动，我一直在看电视。"6 岁的孩子依旧坚持。

    "撒谎！"妈妈在心里喊，家里只有他们娘俩，如果谁都没动的话，屏幕怎么可能会碎？但妈妈还是稍稍稳定了一下情绪，决定再问最后一遍，她希望儿子能说实话。

    "家里只有我们两个人，如果不是你动了手机，它怎么会碎呢？妈妈想听你说实话。"

    "是不是你回来的时候它就是碎的？"面对妈妈给的机会，儿子依然冥顽不灵。

    6 岁的孩子，犯错的概率大大增加，因为随着他们的一天天长大，他们会越来越多地探索周围的事物，磕碰难免增多。但是，如果父母没和他们说清哪些东西可以玩，哪些东西不能碰，或者父母没有把该藏起来的东西放到孩子看不见或碰不着的地方，当父母声色俱厉地让他认错的时候，换来的，自然是"宁死不屈"。

    还有一种情况，就是孩子在做出某些探索行为的时候，并不认为自己是在犯错。当爸爸妈妈发现孩子造成损坏而让他为自己的行为道歉时，他们其实并不明白自己到底错在哪里，道歉自然无从提起。

    所以，无论如何，父母都该先从自己的身上找错误，然后再对孩子批评教育，以免引起孩子的逆反心理。

当孩子只是轻微过失，父母不要急着训斥。比如，孩子因为好奇把新买的机器人拆坏了，父母就可以温和提醒："你这么做好吗？"他会理解爸爸妈妈的意思是自己做错了事。之后，父母就可以向孩子婉转提出自己的解决方案。

比如，和小朋友打架了，父母就可以温和地问孩子："去跟小朋友道歉吧，用不用妈妈陪你去？"这样不仅能够让孩子明白因为自己做错事需要承担责任，同时还能够让孩子觉得父母并没有责怪的意思，而是和他站在一边，想要和他一起弥补过失。

父母要注意，不要经常用"犯错的孩子是小坏蛋"之类的话语来吓唬孩子，这样的教育方法很有可能使得孩子即便明白自己有错，也不敢承认。父母的教育一定要就事论事，哪怕是批评，也要先表扬优点，再说缺点："你是个好孩子，只是毛毛躁躁的性格不好。"当然，批评过后还要记得拥抱一下孩子，让孩子知道即便自己犯了错，父母对他的爱也一点儿不会减少。在这样的教育之下，孩子会更乐于承认错误，接受批评。

12. 孩子说谎成性，怎么办

渺渺一直都是个听话又讨人喜欢的孩子，可是，渺渺妈妈却发现儿子最近总是有意无意地撒谎。

比如，在学校做手工，他明明没有做完，回家却说做得最好，得了第一，妈妈无意间跟老师聊起，才发现是儿子说了谎话；再比如，在学校和小朋友发生冲突先动了手，却跟妈妈说是别人先挠的他；还有，他们家本来没养任何小动物，他在和别

的小伙伴玩耍时，妈妈却听到他说家里养着一只鹦鹉，还一脸
得意。

6 岁的孩子满口谎言的确让人担心，但父母不必大发雷霆。心理学家
经过研究发现，孩子说谎的原因其实很多，既有有意识的，也有无意识的。
比如，用撒谎逃避惩罚、对事物和他人的错误解读、表现欲太强，急于得
到他人的肯定和赞美，或者大人的期望值太高，使得孩子为了迎合大人的
期望而不得不撒谎。

多倾听孩子的心声，才能深刻了解孩子撒谎的原因。所以，当父母发
现孩子撒谎太多时，首先要做的，就是与孩子进行沟通，建立良好的亲子
关系，然后对症下药地就孩子的说谎行为进行矫正。比如，孩子是因为得
不到父母太多关爱，企图用说谎的方式吸引父母注意力，那父母就要加强
对他的关爱，让他时刻感受到父母的爱和体贴。如果孩子说谎根本不是故
意，而是因为分不清想象和现实，把一切搞混了，父母在日常生活中就要
告诉他，什么是现实发生的，哪些又是想象出来的，让他们能够对现实有
真实判断。

对于那些无伤大雅的谎言，父母大可适当"忽视"。蒙台梭利说，说谎
是孩子心理畸变中最严重的缺点之一，但也是孩子日常生活中经常发生的
现象。若对这些行为给予各种形式的强制干预，反而会使得孩子焦虑和恐
慌，不利于孩子心理的健康发展。

虽然，谎言总会被识破，孩子说谎必须受到严惩，诚实的美德需得到
肯定和赞赏。但这也并不意味着孩子说一次谎话，就成为父母眼中一辈子
的"说谎精""吹牛大王""小骗子"，这样的冷嘲热讽如果时刻提起，不但
不会对孩子戒除谎言有所帮助，甚至会促使孩子因为不服编出更为圆满的
谎言。

13.　孩子认字记不住，怎么办

　　上小学一年级的婵婵，虽然已经开始学习认字了，但还是记不住字。"左""右"不分，"大"和"太"两个字要疑惑半天。倒不是说婵婵的记忆力有什么问题，平时妈妈跟她随口说什么事情，她都能记好久，她只是在认字这件事情上不怎么在行。

孩子为什么记不住字？是因为他没兴趣！

　　回想一下孩子的成长经历，对于那些他喜欢和感兴趣的事，他是不是积极主动而且总是非常在行呢？比如在电子产品方面，不论多小的小孩，给他个智能手机，不用人教都能很快摆弄得清清楚楚，这，就是兴趣使然。

　　所以，为了让孩子在认字这件事情上"在行"起来，需要父母改变以往枯燥的教授方式，让识字变得有趣起来。

　　其实，作为一种象形文字，汉字本身趣味十足，利用这个特点，父母大可让识字变得生动起来。教孩子"休"这个字的时候，首先，可以在纸上画一棵树，树下画一个人在睡觉，然后问孩子：

　　"看看，图上画的是什么？"

　　"一个人和一棵树。"

　　"对，'人'字一撇一捺，你会写，'木'字呢，你也会写是不是？"

　　"是。"

　　"那你仔细看看这个人在树下干什么啊？"

　　"在睡觉。"

　　"对了！他在睡觉。睡觉呢，又可以叫作'休息'。你瞧，人在木下睡觉就是休息的'休'。"

这样，"休"这个字就能很容易地被孩子记住了，而且，他还可以把这个字当作好玩儿的事讲给别人听。

识字的最终目的是阅读，当孩子能够不需要父母的帮助，依靠自己学到的字来阅读诗歌、童话故事时，难以抑制的喜悦感就会提升他们继续识字的兴趣。而且，当汉字在孩子那里不再是孤立的"字"，而是"字不离词，词不离句，句不离篇，篇不离章"的时候，孩子便不再将学过的字轻易遗忘。所以，在教孩子认字的同时，让孩子尽可能多地阅读书籍非常重要，这对他们的学习来说，是极好的巩固和复习。

14. 孩子性格内向，如何引导

经常有妈妈问，我家的孩子性格内向，见人害羞，不善交往，在学校里，也经常是自己在玩儿，这种性格的孩子，究竟该怎么办？有没有办法纠正啊？

其实，6 岁孩子内向，未必真的是性格所致。很多小朋友上学之前腼腆内向，甚至连话都不敢说，但是，上了小学之后，却变得活泼、开朗，有些本来文文静静的女孩，甚至疯得像是男孩子一样。可见，造成孩子内向的原因，与其成长阶段有着非常密切的联系。

另外，孩子的性格也是与父母的教育方式分不开的。"龙生九子"还各有不同，家长对于孩子的教育，应该因材施教，不要千篇一律，严肃教条。

父母要耐心观察自己的孩子，寻找适合自己孩子的教育方式，同时，扩大孩子的交际圈和社会活动面，最大限度地激发他们的社交潜质。

可以多提供机会让孩子接触除了家人和同学之外的更多人，特别是同龄的人。有些孩子在生人面前总是表现得怯怯的，不是他本身不够大方，而是因为他没有太多机会接触生人，缺乏这些方面的练习而已。那么，如果孩子能够多与陌生人接触，特别是同龄人接触，那么，他就能在交往中积攒经验，同时，也能随时随地向同龄人学习，从而改变他的内向性格。

还有些孩子，总表现得畏首畏尾，这就与平时的家庭教育方式有关了。有的家长，对孩子的限制特别多，不许孩子干这、不准孩子干那，总是把孩子放在条框中。这样，孩子的天性就难免被束缚，行为做事之前，也会有意无意地在脑子里反复思考会不会导致大人不高兴，性格自然也就变得内向，不够果敢了。父母应该给予他们充分自由，让他们去玩沙、玩泥巴、噼噼啪啪地踩雨后的积水、像个小勇士一样地去爬石头堆、爬沙堆，让孩子肆意玩耍，尽情挥洒，慢慢地，孩子的性格自然也会变得开朗和活泼起来。

15. 孩子沉迷于玩电子产品，怎么办

6 岁的扬扬是个聪明活泼的小男孩，他最喜欢的游戏，就是在电脑里打"植物大战僵尸"，因为玩了太多遍，他的技术甚至比很多大人都要好。每当他坐在电脑前，简直就如进入了另一个世界，不再调皮捣蛋，爸妈说话也爱答不理，甚至都顾不上吃饭。

高科技产品给人们拓展了一个无比广阔的全新空间，也给我们带来了无法比拟的便捷和变革。就拿一个人的成长来说，在父辈人的那个时代，打陀螺、滚铁环、一部已经看了数十遍的《西游记》便能成为四季轮回。而对于现在的孩子来说，一部智能手机就能带给他能够想象到的所有一切。

但科学技术是一把双刃剑，它在拓展我们视野的同时，也为孩子的成长造成诸多隐患——在该如小鹿般自由奔跑的年纪，他们脱离大自然、远离人与人的交往与欢笑，漠视亲人间的交流与互动，沉迷于眼花缭乱的信息、游戏和娱乐中。再大一些，当他们需要将全部精力投入到学习的年纪时，如果仍旧想着打游戏、看视频、通过软件交友，甚至沉浸在网络和游戏的世界中无法自拔，就很容易成为网瘾少年。

如何杜绝这些现象的出现，让我们的孩子在享受高科技的同时又不为这些所累呢？

建议 1：尽可能晚地让孩子接触手机、电脑等电子产品

电子产品对孩子而言，就是一个无法比拟的全新世界，孩子的自控能力本就很弱，学龄前的儿童更是如此，非常容易沉迷于此。所以，父母要尽可能晚地让孩子接触手机、电脑等电子产品，尽量在孩子上学，有了一定自控力之后，再慢慢允许他们使用电子产品。

建议 2：就玩手机的时间和时机，和孩子约法三章

如果孩子早早就接触到电子产品，且已经产生浓厚兴趣，强行阻止逼着他脱离显然有些残忍，倒不如和孩子就玩手机、电脑的时间和时机进行一些规定。比如，如果积极主动地完成作业，并保质保量，每天就可以玩半个小时。或者，只有周末的时候才能玩电子产品，如果平时偷偷玩，就要相应减少接触电子产品的机会，以示惩戒。

建议 3：不把玩手机、电脑等活动作为奖励

比如，有的父母想让孩子听话或安静下来，就以玩手机和电脑进行交换。久而久之，就会让孩子认为，如果自己想玩电子产品的要求没有得到允许，就能够以不吃饭或哭闹的形式对父母进行要挟，从而达到自己的目的。

建议 4：家长以身作则，尽量少当着孩子的面玩手机

很多父母在陪伴孩子时，也总习惯于闲来无事拿着手机看看，这难免会让孩子对那个比自己还能够吸引父母注意的小玩意儿产生浓厚兴趣，他也迫不及待地想要看看里面有什么好玩儿的东西。而且，正所谓"近朱者赤，近墨者黑"，父母沉迷于电子产品，就别怪孩子也成为信息时代的"奴隶"。所以父母要以身作则，自己在孩子面前少玩手机，多用心陪伴孩子，为孩子营造出良好积极的家庭氛围。